눈부신 아침

눈부신 아침

초판 1쇄 발행 2025년 02월 05일

지은이 강석무
펴낸이 류태연

펴낸곳 렛츠북
주소 서울시 영등포구 문래북로116, 1005호
등록 2015년 05월 15일 제2018-000065호
전화 070-4786-4823 **팩스** 070-7610-2823
홈페이지 http://www.letsbook21.co.kr **이메일** letsbook2@naver.com
블로그 https://blog.naver.com/letsbook2 **인스타그램** @letsbook2

ISBN 979-11-6054-743-6 03810

* 이 책은 저작권법에 따라 보호를 받는 저작물이므로 무단전재 및 복제를 금지하며, 이 책 내용의 전부 및 일부를 이용하려면 반드시 저작권자와 도서출판 렛츠북의 서면동의를 받아야 합니다.
* 잘못된 책은 구입하신 서점에서 바꾸어 드립니다.

눈부신 아침

강석무 에세이

렛츠북

머리말

집에서 키우던 진돗개가 집을 나간 후 보름쯤 지나 길에서 우연히 마주쳤다. 나는 '타도' 하고 외쳤지만 한참을 바라만 보더니 뛰어와 내 품에 안겼다. 중학교 1학년 때였다. 나를 알아보았을 때의 눈빛이 너무나 강하여 글을 써보았는데 학교 교지에 실렸다.

'잃어버린 타도'를 쓴 지 수십 년이 흘러 처음 써보는 글이고 이렇게 한 권의 졸작이 완성되었다. 소제목의 순서도 구성도 내용도 아쉬운 점이 많고 소재의 연관성도 뒤죽박죽이다.

좀 더 느긋하게 그래서 충분한 시간을 갖지 않았음에 아쉽기도 하지만 혹시라도 또 이런 기회가 있으면 더 성숙해질 것이다.

성숙은 지나간 세월과 경험이 함께 빚어내는 인생의 그림과 같다. 아픔과 상처를 통해 고뇌에서 해방되어 가는 과정이며, 진정한 성숙은 나보다는 가족 그리고 이웃들을 사랑할 때 더욱 빛이 나는 것이다.

이 책을 쓰며 비로소 동화 속의 순수하던 내 어린 시절을 발견하였다. 그로 인해 앞으로 살아가는 동안의 복잡함에서 좀 더 자유로워질 수 있음을 기대하게 되었다.

이 책의 출간에 도움을 준 출판사 렛츠북, 소중한 가족들 그리고 책을 써내려 가는 동안 격려해 준 친구 이태원, 김홍도에게도 감사의 마음을 전한다.

행복한 사람은 다른 사람을 한결같은 마음으로 행복하게 하는 사람이다. 창문을 타고 비추는 햇살이 아침을 눈부시게 한다.

차례

- 004   **머리말**

- 010   변화와 희망
- 012   허더즈필드(Huddersfield)
- 015   용정중학교
- 017   야구
- 019   엘리베이터 안에서
- 023   엘리베이터에서 보는 빨리빨리 문화
- 025   달팽이 요리
- 029   유산소 운동
- 031   야경, 동궁과 월지
- 032   두 아버지
- 034   겨울에 받은 편지
- 036   Spring, Summer, Winter and Fall
- 040   관작골
- 043   FA
- 046   고구마밭
- 048   브뤼셀 공항 앞 쉐라톤 호텔에서의 조식
- 052   유대인
- 059   진실한 도움
- 061   어린 시절 동네 병원장
- 064   모리와 함께한 화요일
- 068   나쁜 습관에서 벗어나기 위한 마음 다스림

071	어린 시절 경보극장 앞에서
073	걸음마를 시작한 딸과의 산책
079	스위스 바젤
082	두 개의 식당
087	독일에서 온 마차
093	반도조선 아케이드
095	불꽃 축제
096	만족스런 삶
098	늦은 봄 캠퍼스 후문 가게 앞
101	〈대부〉와 말론 브란도
103	니혼 바시
110	수출 한국
114	학회장 선거
118	명품 쇼핑
122	리틀 리버 밴드
126	도심 석양
128	뭄바이
131	닥터 바세르가
135	소프트웨어에 의해 사라지는 문서철 하드 파일
138	직장 술 문화
140	땀 그리고 엔도르핀
142	시간
144	자신이 하는 일에 진심인 사람
146	탁상시계

148	작은아버지
151	토요일 오후 사무실
154	18홀과 14개 클럽
157	캠프 케이시 마이크 일병
162	서울의 폭설
167	눈 그친 오후
168	외할머니
170	미래를 위해 풀어야 할 숙제 저출산
181	어머니
184	결혼을 앞둔 커플들에게
187	아버지

변화와 희망

◇ ◇ ◇

계절이 바뀐다는 것은 또 다른 변화와 희망이다. 유난히도 더웠던 올여름이 갑작스레 지나가고 선선한 바람이 불어오니 이 또한 적응을 필요로 한다. 더위를 많이 타서 좀 고생스러웠지만 지나간 여름의 뜨거웠던 태양을 되새겨 보며 얇은 외투를 꺼내어 입어본다.

가을이 왔다는 것은 무슨 의미일까? 낙엽이 길가에 흩날린다는 것은 무슨 의미일까? 낙엽수가 잎을 떨어뜨리는 것을 낭만의 흐름으로 볼 줄 알아야 할 나이인 것 같다. 청춘이던 시절에만 꿈이 있었던 것은 아니기 때문이다.

20대 초반쯤이었을 때 시청 앞 버스 정류장에서 내려 덕수궁 돌담길을 걷던 기억이 난다. 설렌 마음으로 새로 사귀게 된 여자 친구를 향한 발걸음이었다. 당시 젊은 청춘들에게 인기가 있던 제법 훈훈한 분위기의 다방을 향할 때도 낙엽이 여기저기 흩날리던 늦가을이었다. 그 다방 이름이 '태성다방'이었던가? 잘 생각이 나지 않는다. 하지만 1970~1980년대 다방치고는 가을 혹은 겨울 날씨에 잘 어울리는 인테리어를 제법 갖춘 모습의 다방이었다.

토요일인 오늘 집을 나서 커피숍에 들러본다. 요즘은 갖가지 서구풍 명칭의 개인 브랜드 커피숍들이 많다. 주로 일인 창업 젊은이들이 운영하는 곳들이고 저마다 독창성도 엿보인다. 다방에서 커피숍으로 온 수십 년의 나날들 속에서 국가나 우리들도 많은 변화에 웃고 울었던가 보다.

커피숍을 나와 낙엽수들을 밟고 가을 길을 걸어본다. 최고의 폭염이었다는 이번 여름을 뒤로한 오늘의 가을. 그때 덕수궁 돌담길 그리고 뒤편의 다방이 떠올라 처음으로 책을 한 권 써보고 싶은 생각이 문득 든다. 어차피 아마추어니 수필이든 시든 믹스 커피처럼 두서없이 뒤죽박죽이라도 무슨 상관이 있으랴. 아무래도 작가적 소질과는 거리가 멀어 자전적인 내용이 될 것 같고 단지 작은 일이지만 또 다른 변화와 희망일 수 있을 것이란 기대감을 갖게 된다.

그리고 보니 서울 종로구 소격동에서 태어나 성인 시절까지도 서울에서 한참을 보내고 지금은 해운대 바닷길을 거닐고 있으니 나의 로케이션도 세월 따라 바뀌었다는 것이 실감이 난다.

허더즈필드(Huddersfield)

◇ ◇ ◇

1995년쯤이었던 것 같다.

런던에서 허더즈필드행 기차를 탔다. 기차는 마주 보고 가는 4인용 의자였는데 맞은편에 있던 깜찍하게 생긴 젊은 영국 여자가 어머니와 함께 타고 있었다. 30분쯤 지나니 말을 걸어왔다. 그녀가 내게 일본에서 왔는지, 중국에서 왔는지 묻는 것으로 말을 걸기 시작했다. 당시만 해도 서구권 나라로 해외출장을 가서 식당에 가보면 일본은 셋째 가라면 서러운 경제 대국이라서인지, 중국은 워낙 인구가 많은 나라여서인지 몰라도 동양인에게 비슷한 질문을 던지는 경우를 많이 보았다.

내가 찬 시계(명품은 아니고 국산으로 약간 코디형 시계였던 것 같다)가 멋지다고도 하고 우리는 한참 이런저런 동서문화에 대한 담소를 나누다 내가 먼저 하차 역에 이르러 인사를 하고 헤어졌다.

역에서 거래처가 있는 공장으로 가기 위해 택시를 탔다. 택시 기사 성격이 얼마나 쾌활한지 여러 이야기를 던졌다. 중견 화학 공장이었는데 택시 기사가 그 공장 오너 자랑을 얼마나 하던지. 자랑의 내용은 전용 헬기가 있고 대궐 같은 집이 있는 허더즈필드의 자랑이라고. 자기도 돈을 열심히 벌어 아시아 여행 특히 태국에 가보는 게 꿈이란 이야기 등등을 해가며 약 20분의 시간을 지루하지 않게 보냈다.

허더즈필드는 웨스트요크셔 주의 인구 약 15만 명 정도 되는 도시이다. 영국은 산업혁명 이후 제조업에 대한 자부심이 아직도 대단한 나라이나 금융 서비스 산업이 번창할 즈음에 제조업 인재 부족으로 긴 세월을 혁신에 성공하지는 못했다. 또한 급격한 집값 상승 및 제조업 기피 등으로 젊은 인재들의 해외 이주가 성장의 걸림돌이 되기도 했다.

부동산 담보 대출 뇌관이 터져 미국에서 2004년 시작된 금융위기 이전 이 여파는 영국에도 영향이 있었다. 팬데믹 이후에는 17년 만에 영국 주택가격이 치솟기도 하였다.

하지만 미국이나 영국은 2004년 금융위기 이후 주택의 공급을 늘리는 이슈에 있어 정치권이 단결되었고 나아가 금융권과 국민이 합심하였으며 이를 기반으로 IT 산업 발전의 이정표를 세워나갔다. 그러나 두 나라 모두 한때 젊은이들의 제조업 기피 현상이 부메랑이 되어 국가 재정이 나빠지고 젊은이들의 치솟는 실업률은 침체의 뇌관이 되고 있다.

일을 마치고 다시 기차에 몸을 실었다. 런던 역에 마중 나온 매제와 함께 한국 슈퍼에 들러 버번위스키와 소고기를 사 들고 여동생 집에 가 창가 너머 저녁노을을 보며 한잔하였다. 나는 지금도 버번콕의 향을 아주 좋아한다.

한국으로 돌아온 여동생 내외는 각각 강단에 서서 제자들을 가르치고 있는데 세월이 벌써 빠르게 지나갔는지 그들도 퇴임이 다가온다.

영국 기차 여행을 생각하면 그때 마주보는 자리에서 내게 말을 걸었던 젊은 영국 여자와 그녀의 엄마, 자기가 사는 도시의 제조공장 오너에 엄청 자부심을 가지고 있던 젊은 택시 기사 생각이 난다.

용정중학교

◇ ◇ ◇

출장으로 연길과 용정을 몇 번 다녀왔다. 시내 거리 곳곳에 우리 음식점들, 미용실, 상점들이 즐비한 한글 간판들이 눈에 뜨인다. 이국에서의 친숙함과 정취를 느끼지만 동시에 문화적 이질감이 교차하는 것은 일제 강점기 당시 항일운동이 활발히 전개되었다는 역사를 잠시 망각하고 있어서일 것이다.

윤동주 시인이 다니던 용정중학교를 둘러보고 나오니 초저녁인데도 하늘에 별들이 보인다. 그냥 지나치기 싫은 길가에 핀 풀섶들은 차디찬 저녁 바람에 흩날린다.

얼마나 오랜만에 쳐다본 별인지 보일 듯 말 듯 위태롭게 보일지라도 별 헤는 밤 툇마루에 앉아 북간도에 계신 어머니를 그리던 윤동주 시인을 그려본다.

용정시 근교에 가곡 〈선구자〉로 알려진 정자 일송정이 있으며 시인 윤동주의 생가와 묘소, 독립유공자 송몽규·현석칠 묘소, 용정에서의 3.1 운동 당시 만세시위에 참가했다가 봉천군벌의 무차별 발포로 순국한 17명의 의사가 안장된 '3.13 반일의사릉' 등이 있다. 이 중 16명의 의사는 건국훈장 애국장에 추서된 독립유공자다.

만주 간도의 마을 이름이 용정이다. 그곳에서 우리 민족이 모여 살며 독립운동을 하였다. 대표적으로 명동학교를 통해 민족의식을 고취하고 항일운동을 벌인 곳이기도 하다. 〈서시〉, 〈별 헤는 밤〉을 지은 시인 윤동주가 명동학교를 다니기도 했다. 하얼빈에서 용정까지 항일투쟁의 독립운동이 이어졌다.

안중근 의사는 하얼빈에서 "내가 죽은 뒤에 나의 뼈를 하얼빈 공원 곁에 묻어두었다가 우리 국권이 회복되거든 고국으로 반장해다오"라고 유서에 썼다. 하얼빈 서역에서 고속열차를 타고 네 시간 정도 달리면 용정시에서 멀지 않은 장백산 역에 도착한다.

스물일곱의 젊은 나이로 요절한 시인 윤동주는 용정에서 말한다.

"불 꺼진 화목을 안고 도는 겨울 밤은 깊었다. 재만 남은 가슴이 문풍지 소리에 떤다."

야구

◇ ◇ ◇

어릴 적부터 나는 각종 구기 종목 스포츠광이었다. 그날 있었던 경기 결과를 귀가하신 아버지가 물으시면 설명해 드렸고 축구 골키퍼가 다이빙 캐치하는 사진이며 국가대표 농구선수 신동파의 필리핀전 슛 장면이 실린 사진들을 신문에서 오려 노트에 스크랩하기도 했다. 신문지를 다이아몬드 모양으로 오려 야구장을 만들고 플라스틱 자를 잘라내 야구공을 만들었다. 배트로 쓰던 모나미 볼펜은 한 30개 임쯤 하면 손에 익어 타율도 점점 좋아졌다. 신문지로 제법 큰 축구장도 만들고 골대의 네트까지 만들 정도였으니 그 방면으로 나갔다면 스포츠용품의 혁신가가 되었을지도 모른다. 중학교 때는 마루에 농구 골대도 만들었다.

성인이 되면서는 프로야구 경기를 놓치지 않았다. 주로 TV 시청이 많았으나 저녁에 일이 있거나 체육관에서 운동을 하고 오면 재방송을 봐야 잠이 올 정도로 수십 년간 매료되었다. 인터넷이 보급되지 않았을 시절 해외출장을 갔을 때 아침에 눈을 뜨자마자 로비로 달려가면 해외신문 스포츠면 한구석에 실린 KBL 경기결과를 그 나라 조간에서 볼 수 있었다.

올해는 사상 최초로 프로야구 관중이 1천만 명을 돌파했다고 한다. 특히 젊은 층의 팬들이 많이 늘었다. 최근 몇 년간은 국제대회 성적도 별로였는데 무엇이 프로야구 붐을 일으켰을까? 여러 가지가 있겠지만 흡사 인생사와 같은 야구 경기 룰 때문인 것 같다. 9회 동안 몇 번의 기회가 오고 성공과 실패를 거듭한다. 운이 따라주어 성공하기도 하고 반대로도 된다. 연봉 십억 원을 넘게 받는 선수와 삼사천만 원을 받는 선수가 한 팀이 되어 팀워크를 이룬다. 슬럼프가 오면 쉽게 극복하는 선수도 있고 오래가는 선수도 있다.

늘 느끼지만 명문 야구팀들에는 두 가지 뚜렷한 특징이 있다. 팀 프로세스를 진두지휘하는 단장의 탁월한 역할 그리고 긴장감과 투철한 프로의식을 겸비한 팀 분위기이다.

크리스티 매튜슨의 야구 명언이 있다.

"You can learn a little from victory; you can learn everything from defeat." (승리하면 조금 배울 수 있고 실패하면 모든 것을 배울 수 있다.)

실패하는 팀들이 대부분 이듬해에도 실패를 이어가는 경우는 실패를 덜 배웠기 때문이다. 인생사도 마찬가지다.

엘리베이터 안에서

◊ ◊ ◊

내가 사는 주상복합 아파트의 동 바로 앞에는 초등학교가 있어서 다른 동보다 젊은 부부가 많다. 출근 시 엘리베이터 안에서 등교를 돕는 엄마들과 자녀들을 자주 마주치게 된다.

엄마에게 존댓말을 하는 아이들도 있고 그렇지 않은 아이들도 있다. 대부분 그렇겠지만 나도 늘 그들이 먼저 내리게 하고 나서 엘리베이터를 내리는 버릇이 있다. 엄마에게 존댓말을 하는 아이들은 너나 할 것 없이 나와 인사를 주고받는다. 엄마에게 존댓말을 하지 않는 경우의 아이들과 엄마들은 도도해 보이고 등교 시간의 분주함으로 마음의 여유가 없어 보이며 표정들이 밝지가 않다. 자연스런 미소도 없으며 등굣길부터 엄마에게 짜증을 내기도 한다.

세상을 살아가며 말의 힘이 상상을 초월하는 경우를 종종 보게 된다. 존댓말은 아이의 뇌를 깨우친다고 한다. 태어나서 행동으로만 의사 표현을 하던 아이는 말을 하기 시작한다. 진심 어린 존댓말 한마디가 아이의 근간과 미래를 변화시킬 수 있다는 학자들의 연구도 많이 있다. 존댓말의 사용, 밥상머리 교육 등은 아이들이 경청, 공감, 인내

등 말과 함께 가져야 하는 마음가짐을 일깨워 주게 된다. 집에서 나누는 존댓말 대화 습관이 아이가 인성과 사회성을 공부하는 기초가 되는 셈이다.

뇌 과학에 따르면 인성은 '전두엽'이 지휘하고 있다. 존댓말은 언어를 담당하는 뇌인 '측두엽'을 발달시키는 데도 큰 역할을 한다고 한다. 아이들은 존댓말을 배우며 자연스레 언어 감각을 익히고 상대를 존중하는 사회성을 익히며 미소의 표정 학습까지 돕는다.

아직도 우리 사회에는 식당에서 서빙을 하는 젊은이들에게 명령조로 함부로 대하는 어른들이 있는데 영어권 서구의 서빙 팁 문화와 매우 대조적이다.

많은 사람들이 영어에는 존댓말이 없는 줄 안다. 영어의 존댓말은 우리말의 "요" 등을 말미에 다는 경우와 좀 다르다. 영어는 문장의 길이나 단어 수를 늘려 존댓말 표현을 한다. 예를 들면 "Hand me the paper."를 존댓말로 "Could you hand me the paper?"로 표현하는 식이다. 존댓말을 영어로 'polite language' 혹은 'formal language'라고 하고 반말을 'informal language' 혹은 'casual language'라고 한다.

젊은 부부들이 아이가 말을 배우기 시작할 때부터 자신들에게 존댓말을 하도록 가르치기를 바란다. 아이들에게 권위적이 되라는 것이 아니다. 아이들에게는 따뜻한 부모가 되어야 한다. 이웃들도 마찬가지다. 말 한마디는 아이의 일생을 바꾼다.

작은 시골 마을의 성당에서 한 신부가 미사를 드리고 있었다. 그런데 신부 곁에서 시중들던 소년 복사(服事, 교회의 전례 예식에 성직자를 돕는 사람)가 그만 실수로 성찬례에 사용하는 포도주잔을 엎질러 버렸다. 잔은 깨어지고 포도주가 땅에 쏟아졌다. 신부가 노하여 소년에게 소리를 지르며 "다시는 제단 앞에 나타나지 마라"고 호되게 야단쳤다.

이와 비슷한 일이 다른 성당에서도 일어났다. 그런데 그 성당의 신부는 화를 내지 않고 "괜찮다. 나도 어렸을 때 실수를 많이 했단다. 힘내거라"라며 소년을 다독였다.

성당에서 쫓겨났던 소년은 커서 유고슬라비아의 대통령이 되었으며 독재자로 군림했다. 그의 이름은 '조셉 브로즈 티토'이다. (1953년~1980년까지 28년간 유고슬라비아 통치, 티토주의 창시)

그리고 포도주를 쏟고도 따뜻한 위로를 받은 소년은 성장해서 천주교 대주교에 올랐다. 그의 이름은 '풀턴 쉰'이다. (1895~1979 미국의 로마 가톨릭 주교)

부주의한 말 한마디가 싸움의 불씨가 되고, 잔인한 말 한마디가 삶을 파괴한다.

쓰디쓴 말 한마디가 증오의 씨를 뿌리고, 무례한 말 한마디가 사랑의 불을 끄는 것이다.

인자한 말 한마디가 길을 평탄케 하고 칭찬의 말 한마디가 하루를 즐겁게 한다.

유쾌한 말 한마디가 긴장을 풀어주고 사랑의 말 한마디가 삶의 용기를 준다.

함부로 뱉는 말은 비수가 되지만 슬기로운 사랑의 혀는 남의 아픔을 낫게 한다.

한마디 말! 말 한마디가 사람의 인생을 바꾸어 놓기도 한다. 말도 아름다운 꽃처럼 수십 개의 색깔을 지니고 있다.

엘리베이터에서 보는 빨리빨리 문화

◇ ◇ ◇

문명과 기술이 남긴 엘리베이터는 공용주택에서나 빌딩에서나 거의 매일 접하게 된다. 우리는 매일 이 밀폐된 공간을 통해 위아래로 오르내리며 삶의 한 단면을 경험한다.

대한민국은 세계 6위의 수출 강국이다. 전쟁의 폐허 속에서 급성장한 우리나라를 보며 외신들은 '한강의 기적'이라 하였다. 대단한 빨리빨리 강국이며 이는 자랑할 만한 일이다. 그러나 이런 빨리빨리 문화가 다급한 인성 문화로 이어져서는 아니 된다. 이러한 문화는 비약일 수도 있으나 집값 상승기 때 초고속 스피드 묻지마식 아파트 투자 열기로 혼란을 일으키기도 한다. 또한 성수대교 붕괴와 같은 재앙을 낳을 수도 있다.

사업차 여러 나라들을 다녀보았는데 엘리베이터에서 기다리던 사람들이 안의 사람들이 내리기 전 몸부터 밀어대는 스피드는 대한민국이 일등으로 빠르다. 어느 선진국보다도 어느 후진국보다도 빠르다. 물론 전쟁터 같은 지하철 문이 열렸을 때보다는 훨씬 덜하기는 하지만. 남녀노소 불문으로 내리기 전 몸을 밀어대는 경우가 많다. 젊은 시절에는 백화점이나 빌딩마다 모자에 단복을 입은 엘리베이터 도우미가 있었다. 그들은 사람들을 친절히 안내하며 "내린 후 타세요"라고 말하곤 했다. 그때의 엘리베이터는 조용하고 질서정연한 공간이었다.

엘리베이터가 세 대가 있으면 층마다 세 대의 버튼을 다 누른다. 공회전식 가동으로 소요되는 전력비가 국가 전체로는 엄청난 손실이고 엘리베이터의 수명도 그만큼 줄어든다. 나도 두 대를 누를 때가 많은데 이런 글을 쓰니 부끄럽다. 급하진 않을 땐 한 대만 누르고 좀 기다리도록 하겠다.

우리나라는 아파트 거주 비율이 높아 아이들이 자랄 때 엘리베이터를 예절 교육의 도구로 삼으면 좋다. 아이들에게 함께하는 사회에서의 동행 교육을 위해서이다. 엘리베이터 안에서 누군가를 배려하고 질서를 지키는 법을 배운다면 이는 함께 살아가는 사회의 기본을 익히는 좋은 도구가 될 것이다.

달팽이 요리

◇ ◇ ◇

딸이 초등학교 3학년쯤 되었을 때 달팽이 요리를 먹는 TV 드라마가 있었다. 어린아이의 호기심이었는지 딸아이는 이번 시험에서 만점을 받으면 달팽이 요리를 사달라 졸라댔다. 마지못해 "그래" 하고 잊고 있었는데 며칠 후 정말 만점을 받았다며 약속을 지키라고 졸라대었다.

여기저기 알아보니 코모도 호텔에 달팽이 요리가 있었다. 점심 식사로 예약을 하고 딸만 데리고 갔다.

한 입 넣더니 딸의 표정이 일그러졌다. 맛이 이상해 억지로 먹는 표정을 짓다가 맛이 이상하다며 달팽이는 더 이상 먹지 않았다. 딸은 그토록 기대했던 달팽이 맛에 크게 실망한 모습이었다.

나와서 소화를 시키다 남포동 지하상가를 걸었다. 장난감을 보더니 사달라고 졸라댔다. 다음에 엄마랑 와서 사자고 하니 바닥에 뒹굴며 고집을 부렸다. 공교롭게도 며칠 전 TV에서 누군가 나와 아이가 뭔가를 습관적으로 사달라고 부모를 조를 때 절대로 아이의 말에 무조건 동조하지 말고 순순히 달래면서 웃음 섞인 조언으로 거절하란 말이 떠올랐다.

딸아이는 달팽이 요리에 대한 실망을 장난감으로 보상받고 싶어 하는 듯했다. 오랜 실랑이를 벌이다 이야기했다.

"한 달쯤 있으면 어린이날이지? 시험은 만점 안 받아도 좋으니 일기장에 오늘 아빠랑 먹은 달팽이 요리에 대해 멋지게 쓰면 여기 와서 저것 꼭 사줄게."

딸아이는 내 말에 수긍한 것인지 울다가 지쳤는지 그렇게 우리는 집으로 왔다.

몇 년 전 딸아이가 휴가로 한국에 와 '돈'에 대해 이야기를 한 것이 기억난다. 공부할 땐 학비며 용돈 등이 그냥 하늘에서 떨어지는 줄 알았단다. 사회에 나와 돈을 벌어보고 나서야 아빠에 대한 고마움을 진정으로 느끼게 되었단다.

며칠 전 퇴직한 울산에 사는 친구에게 전화가 왔다. 그 친구의 아들은 성실하고 공부도 열심히 해서 대학 졸업 후 좋은 직장에 다니고 있다. 친구는 국가가 운영하는 공사에 다녀 근무지를 가끔 이동하였는데 퇴직 전 수년간은 해운대가 근무지였고 집이 울산이라 하루에

왕복 6번을 대중교통을 이용해 출퇴근하였다. 친구들은 그런 그를 철인이라 하였다. 그런 그가 퇴직 후 집에 있으니 아들 눈치를 보게 된단다. 하루는 식사를 하다가 트림을 했다고 아들에게 혼나서 지금까지 일 년 내내 식사를 따로 한다고 한다. 친구의 말을 듣고 나도 젊은 이들과 식사 중 트림이 안 나오도록 주의하고 있다. 요즘 주변에 그런 부자지간이 많다.

그 친구나 아들의 문제가 아니다. 친구 아들이 어렸을 때 자주 우리 가족과 여행을 다녀서 잘 안다. 친구는 가정에 늘 헌신적이었고 담배를 피우러 집 밖으로 나가 폐지를 줍던 할머니가 안쓰러워 1만 원짜리 지폐를 손에 쥐여줄 정도로 온화한 성품을 가지고 있다. 갈등은 친구의 잘못도, 아들의 잘못도 아니다. 나도 아들과 이런저런 갈등이 많다.

무역업을 오래 하다 보니 다른 나라의 부자지간과 우리를 비교하게 될 때가 많다. 우리나라가 갈등이 더 심한 것 같다. 그 이유는 나도 전문가가 아니라 잘 모르겠다. 주변에서 부자간의 갈등 때문에 착한 며느리를 보고 싶어하는 어른들이 많다. "효부 없는 효자 없다"라는 말도 있듯이 며느리가 착하고 시부모께 효성스러워야 아들도 효도하게 된다는 말이다. 그럼에도 우리나라의 아버지들은 가족들에게 덜 사랑받는 것 같다.

하이에나 집단을 닮은 모계사회라는 말 속에는 가정 내 권력 서열의 변화가 담겨있다. 부인이 중심에 서고, 자녀들이 그 곁에서 힘을 얻으며 심지어 애완견조차 가족의 중요한 일원이 되는 동안, 남편은 가장자리로 밀려난 듯한 위치를 차지한다. 이는 단순한 유머가 아니라 현대 가정에서 점차 변모하는 가족 역학을 상징적으로 드러낸다.

이러한 구조 속에서 아버지가 느끼는 고독은 한국 사회에서 오랫동안 이어져 온 아버지의 역할과 무관하지 않다. 과거 아버지는 가족을 위해 쉼 없이 일했지만 그 시간은 역설적으로 가족과의 거리감을 키워갔다. 집안의 가장으로서 이름만 남고 정작 그 집의 일상에서 점점 더 희미해지는 존재. 그것은 마치 홀로 사냥을 떠난 사자가 돌아왔을 때는 이미 가족의 무리에서 멀어진 위치에 서 있는 것과도 같다.

아버지의 고독은 단순한 소외의 감정이 아니라, 가정을 지탱하기 위해 바친 시간과 노력이 때로는 가족과의 유대감을 약화시키는 아이러니를 담고 있다. 그는 조용히 가족의 이야기를 듣고 웃음소리를 배경으로 멀찍이 서서 자신이 어디에 속하는지 고민한다. 이 고독은 단지 권위의 상실에서 오는 것이 아니라 더 이상 중심에 머물지 못한다는 외로움에서 비롯된다.

유산소 운동

◇ ◇ ◇

나는 어릴 때부터 구기운동 관람을 좋아해 젊은 시절 늦은 저녁 시작하는 체육관 농구 동아리에 들어가 30년 넘게 농구를 하고 있다. (주중 3~4회) 농구를 시작할 때 체중이 76kg이었는데 그 후 68kg 내외의 체중이 30여 년간 유지되고 있다.

이제는 나이가 들어 농구 코트에서의 스피드도 근력도 예전과 같지 않다. 젊은 동료들과 함께 뛰면서 미안함과 동시에 그들과 함께 땀을 흘릴 수 있다는 고마움이 크다. 농구는 단순한 운동을 넘어 내게 활력과 균형을 되찾아 주었다.

운동은 혈압 조절, 콜레스테롤 수치 개선, 심장을 튼튼하게 하고 혈압을 낮춰 심혈관 질환 및 감염 질환 예방에 효과적이라고 한다. 체지방 감소에 도움을 주고, 비만 예방 및 관리에 효과적이다. 나에게 중요한 건 유연성 증가를 통해 신체 기능을 향상시키고, 일상생활의 활력을 높여주고 스트레스 해소 등 정신적인 건강에도 좋은 것 같다.

내가 주변에서 보아온 어떤 운동이든 시작 후 3개월 혹은 1년 이

내에 포기하는 것을 자주 보며 대략 3년을 지속하면 아주 오래 이어가는 것 같다.

이왕이면 젊을 때부터 운동을 시작하라고 권하고 싶다. 성격이 예민한 사람이라면 땀을 흘리는 유산소 운동을 더욱 권하고 싶다. 가능하면 혼자가 아닌 팀원들과 함께하는 운동이 좋을 것이다. 부부가 함께 운동하면 부부간의 갈등이나 불화에서 벗어날 수 있다. 개인적, 사회적 문제인 이혼율도 낮아질 것이 분명하다. 가능하면 저녁이나 밤에 하는 운동이 육체, 정신 건강에 좋다.

NBA의 전설 마이클 조던의 성공 명언을 하나 소개한다.

"I've missed more than 9000 shots in my career. I've lost almost 300 games. 26 times, I've been trusted to take the game-winning shot and missed. I've failed over and over and over again in my life. And that is why I succeed." (선수 생활을 통틀어 나는 9,000개 이상 슛을 놓쳤다. 거의 300회의 경기에서 패배했다. 경기를 뒤집을 수 있는 슛 기회에서 26번 실패했다. 나는 살아오면서 계속 실패를 거듭했다. 그것이 내가 성공한 이유다.)

어떤 운동이든 이미 3년 이상 해오고 있으면 대부분 오랜 기간 지속한다. 유산소 운동을 특히 젊은 부부들이 일찍 시작하기를 권한다.

야경, 동궁과 월지

◇ ◇ ◇

적당히 밝은 불빛들에 물들여진 오늘 밤
새로움이 넓어지고 깊어진다.
문득 하늘을 보니 별은 안 보이나 별빛이 내린 古都의 밤에
내 마음 푸른 하늘빛
내 답은 언제나 경이로울 때 감동이다.

나를 찬미하며
그리고 한 번 더 찬미하면서
손금에 동궁과 월지의 야경을 흩날려 보기도 하고
손바닥에 담아보기도 한다.

두 아버지

◇ ◇ ◇

오늘 문득 두 아버지에 대한 소식을 여기저기서 접했다.

31년 전 일자리를 위해 고향을 떠나 27년간 하루도 쉬지 않고 청소부로 일해온 방글라데시 출신의 아부 바카르(70). 일주일에 7일을 모두 일하며 수입 대부분을 고국 가족들에게 송금하였고 자녀 중 둘이나 판사, 의사로 키웠다고 한다. 그는 인터뷰에서 "가족이 그립습니다. 가족들도 저를 그리워하겠지만, 제가 한 모든 일은 제 아이들의 더 나은 미래를 위한 것이었습니다"라며 12월에 마침내 처음으로 고향으로 돌아가 가족들을 만날 것이라 한다. 그가 떠날 당시 가장 어린 자녀였던 다섯째 아들은 불과 생후 6개월이었다.

또 다른 소식은 "빚더미에 앉은 한국의 20대"라는 내용의 TV 다큐멘터리에서의 아버지에 대한 이야기. 한 20대 청년은 전세 자금 마련을 목표로 닥치는 대로 열심히 일하며 몇천만 원을 모으던 중이었다. 10년 전 헤어진 건설업을 한다는 아빠가 갑자기 나타나 회사 사정상 대표 명의를 부탁하였고 이를 들어준 게 화근이 되었다. 부도난 부친의 회사에 대한 차압이 이어져 순식간에 빚쟁이가 되어버린 청년. 빚 독촉에 시달리며 개인회생 절차를 밟았고 아빠의 부도난 사업장 등 여러 곳을 찾아다녔지만 아빠를 찾을 수 없었다. 오늘도 "아빠", 내일도 "아빠" 하고 문자를 보냈지만 한참 지나 아빠에게 온 답은 "시끄러"뿐이었다.

과연 우리는 자식들에게 어떤 아빠일까?

아버지가 손을 잡아주지 않았을 때도 아버지는 항상 내 등 뒤에 계심을 진심으로 느낄 때 자식들은 아버지의 마음에 다가가는 것이다.

겨울에 받은 편지

◇ ◇ ◇

요즘은 E-card 등 스마트폰 문화로 사라졌으나 예전에는 의례적이긴 하지만 연말연초면 크리스마스카드나 연하장으로 책상 서랍이 메워졌다.

그래서 겨울철이면 항상 새로이 시작하는 기분이다. 어쩌면 세상살이도 철 따라 엇비슷한 되풀이일 뿐인데 겨울은 언제나 시작과 같다. 장작 실어 들여 짚불을 피고 대죽으로 얼음을 깨 받아낸 시냇물로 밥을 짓던 겨울에는 더욱 그랬을 것이다.

한 해가 바뀜에도 겨울이 이어지고 연초인가 싶던데 어느덧 입춘으로 들어섬을 한 통의 편지를 받고서야 깨달았다.

구깃구깃한 봉투며 빛바랜 편지지가 흡사 전란 중 배달되어 온 병사(兵士)의 편지와도 같은 것이 훈훈한 정을 감돌게 한다.

요즘은 워낙 세상살이가 복잡미묘하기도 하고 새로운 소재거리들이 밀물처럼 밀려들어서인지 두 자루 촛불 아래서 편지를 써가며 옛

정을 더듬어 본지도 까마득하다.

오륙 년 전 봉제공장 한다고 방글라데시의 수도 다카로 떠난 옛친구의 편지를 받고서야 그동안 그를 까맣게 잊으며 반백 달을 넘긴 부질없음이 부끄럽다.

하늘과 땅 사의의 조화(調和)를 메우며 살아가는 우리들.

어디서 무엇이 되어 살아가든 '해후'의 미련은 갖지 말았으면 한다.

그래서 살아가는 것은 모두에게 각자의 희로애락이 있는 수행(修行)인가 보다.

다카에서 수행하는 친구의 편지를 읽고 어쩌면 방랑이 진정한 인생여행인 것처럼 느껴지기도 한다.

누군가의 말대로 그래서 수행자는 가진 것이 적듯이 생각도 질박하고 단순해야 하나 보다.

Spring, Summer, Winter and Fall

◊ ◊ ◊

깨어있어도 내 땅에 낯설고
이번 계절의 낙엽은 기다림을 나누어 주는구나

길가에 핀 풀잎 하나도 마냥 새로워
그냥 지나칠 수 없었던 어린 시절 모습이 문득 떠오르는 건

아직도 수많은 기다림에 기웃거리고
눈가에 비추어서이다.
들리지는 않아도
누군가를 위해 부르고 있을 님의 노래가 들린다.

'Aphrodite's Child'라는 락 그룹이 부른 노래를 여기 옮겨본다.

Spring, summer, winter and fall
봄 여름 겨울 가을은
keep the world in time
제시간에 세상을

spinning around like a ball

공같이 빙글빙글 돌려요

Never to unwind

결코 멈추지 않죠

Spring, summer, winter and fall

봄 여름 겨울 가을이 있답니다

are in everything

모든 것 안에

I know in love we had them all

우리가 간직한 사랑에도 그것이 있다는 걸 알아요

now our love is gone

지금 우리의 사랑은 가버렸어요

This last thing is passing now

지금 마지막 계절이 지나가고 있는 것이죠

like summer to spring

봄에 이르는 여름처럼

it takes me and wakes me now

그것은 나를 데려가서 지금 깨우쳐 주어요

like seasons I'll change

계절처럼 나는 변화할 겁니다

and then rearrange somehow

그리고 그때 어떻게든 정리를 할 거예요

Spring, summer, winter and fall
봄 여름 겨울 가을은
keep the world in time
주기적으로 세상을
spinning around like a ball
공처럼 주위를 맴돌게 합니다
Never to unwind
결코 멈추지 않죠
This last thing is passing now
마지막 계절이 지금 지나가고 있는 것이죠
like summer to spring
봄에 이르는 여름처럼
it takes me and wakes me now
그것은 나를 데려가서 지금 깨우쳐 주어요
like seasons I'll change
계절처럼 나는 변화할 겁니다.
and then rearrange somehow
그리고 그때 어떻게든 정리를 할 거예요

Spring, summer, winter and fall

봄 여름 겨울 가을은

keep the world in time

주기적으로 세상을

spinning around like a ball

공처럼 주위를 맴돌게 합니다

Never, never to unwind

결코 멈추지 않죠

Spring, summer, winter and fall

봄 여름 겨울 가을이 있어요

are in everything

모든 것 안에

I know in love we had them all

우리가 간직한 사랑에도 그것이 있다는 걸 알아요

관작골

◇ ◇ ◇

내가 일곱 살쯤 때 관작골에서 외할머니와의 추억은 지금도 신기하리만큼 선명하다.

외할머니의 온화한 미소는 늘 세상 시름없는 모습이셨다. 밭에 나가 할머니와 감자를 캐던 모습이 아직도 눈에 선하다. 캐온 감자 껍질을 벗기고 빨래 다듬질을 하실 때도 늘 미소 짓는 표정이셨다. 나는 빨래 다듬질을 하시는 할머니를 돕는 조력자였다. 각자가 다듬질 몽둥이를 하나씩 들고 장단을 맞추며 빨래를 두들기는 둘만의 오케스트라였다.

툇마루를 나가 서너 발자국 걸으면 부엌이 있었는데 할머니는 집에서 키우던 고양이 한 마리에게 먹이를 주실 때도 늘 "나비야"라고 부르며 웃는 모습이셨다.

서울서 막내 삼촌이 종종 내려오셨는데 삼촌을 따라 100m쯤 떨어진 곳에 낫을 들고 가서 아카시아 잎줄기를 따서 집으로 돌아오는 것이 일과 중 하나였다. 집에서 키우던 염소들 먹이였다. 어깨 위로 꽤 많은 양을 지고 오면 삼촌과의 노동에 지쳐 코를 골고 잠을 자다 할머니를 깨우곤 하였다. 하루는 집에서 기르던 염소 한 마리를 데리고 삼촌과 산으로 올라갔다. 그곳에서 삼촌이 염소를 잡으셨다. 염소의 작은 어느 부위인지 모르겠지만 몸에 좋다고 잡자마자 그 자리에서 소금에 찍어 날로 드시며 내 입에도 넣어주시려 했지만 나는 깔깔거리며 도망을 갔다. 서울서 경제학을 전공하신 삼촌은 당시 다른 분들처럼 기업체에 다니시지는 않았고 나중에 명동 등에서 식당을 하셨다. 훗날 내가 대학을 졸업하고 무역회사에 입사했을 때 삼촌은 내게 경제학에 관한 얇은 핸드북을 5권이나 사주셨는데 두 권은 세월의 흐름에 종이 색이 변한 채로 아직도 서재 한편에 있다.

초저녁에는 몇 명 안 되었지만 동네 친구들과 모여서 돼지 불알에 바람을 넣어서 부풀려 만든 축구공으로 축구시합을 했다. 양쪽 골대는 커다란 돌들로 만들어진 축구장이다. 삼촌도 가끔 구경을 하고 계셨다.

읍내에서 장사를 하시던 둘째 삼촌은 자주 오시지는 않았는데 뒤뜰 담장을 넘어온 뱀을 무슨 자루 같은 것으로 잡아 다시 담장 밖으로 던져 내보내곤 하셨다.

나는 매일 할머니와 함께한 시간이 꽤나 많았는데 할머니는 늘 내 이름을 부르시며 "서울 가지 말고 할머니랑 예산의 국민학교(초등학교) 가지 않을래?" 하고 웃으며 몇 번이나 말씀하셨다.

국민학교 입학식이 있기 며칠 전 어머니는 나를 서울 집에 데려가기 위해 당시 영업용 택시이던 시발택시를 타고 오셨다.

시발이라는 이름의 자동차가 생산된 것은 한국전쟁이 끝난 직후이다. 전쟁 후 파괴되고 고장난 자동차들의 부품을 활용하여 운행 가능한 자동차를 만들어 내는 자동차 재생 산업을 통해 만들어진 것이다. 시발자동차는 이러한 시대적 상황 속에서 탄생했다. 1900년대 초 고종황제를 위한 포드 자동차가 이 땅에 들어온 이래 50여 년 만에 국산 최초의 자동차가 탄생한 것이다.

할머니와 작별한 순간은 기억이 나지 않지만 나는 다시 시발택시를 타고 정든 관작골을 떠났다. 울퉁불퉁한 비포장도로에서 시발택시가 쿵쿵 뛸 때면 몸도 같이 뛰어서 어머니가 내 품을 안기도 하고 내가 어머니 품을 안기도 하였다. 그 후에는 시발택시가 서울까지 갔는지 예산 기차역까지 갔는지 기억에 없다.

FA

◇ ◇ ◇

난 프로야구광이다. 프로야구를 수십 년간 보아오고 있으며 해외 출장이 없으면 거의 빠지지 않고 시청한다. 그리고 밤에 농구 취미 서클에 가는 날은 결과를 모른 채로 재방송을 본다.

부산에 이사 오며 지역팀 팬이 되었는데 늘 성적이 좋지 않아서 LG나 두산 팬들인 고향의 동창들에게 놀림도 당한다.

어제는 롯데 자이언츠 김원중 투수와 구승민 선수가 FA 잔류 도장을 찍었다. 더 많은 금액을 제시해도 몸담았던 구단을 떠나고 싶지 않았다는 기사들이 있었다. 내가 보아도 적정금액보다 낮은 계약으로 보인다.

우리나라가 경제적으로 성장하며 FA 금액이 너무 많이 치솟아 올랐다. 다년간 100억 원 이상의 계약을 체결한 선수들도 있다. 치열한 경쟁 속에서 힘들게 프로야구 선수가 되어도 방출로 도중 하차하는 선수들도 많고 부상 없이 젊을 때 몇 년간 벌어야 하는데 연봉 5천만 원 내외의 프로야구 선수들도 넘쳐난다. 그래서 FA에까지 간 선수들은 그 자체만으로도 커다란 축복이다.

지난 수년간 구단의 프랜차이즈 스타들 여럿이 롯데 자이언츠를 떠났다. 다른 이유도 있겠으나 FA는 '쩐의 전쟁'이기도 하기 때문이다.

주요 스타들이 떠난 것은 그들의 선택이고 그런 의사도 존중해야 하지만 팀과 팬들 그리고 동료들을 참으로 힘들게 하였다. 나는 팬클럽에도 자주 참여하는데 서울 출신의 구승민이나 광주 출신의 김원중은 더욱이 다른 지역 출신이라 잔류 의사에 회의적이었다.

롯데라는 팀에 애정을 나타낸 문화를 심은 것은 주장 캡틴 전준우이다. 그는 FA 때마다 돈보다 팀을 택하고 여러 번의 협상 테이블 자리를 늘 꺼렸다. FA 계약금이나 연봉 혹은 그 외 조건보다 자기를 키워주고 기여한 팀에 대한 애정이 있는 선수들은 기부도 잘하고 후배 선수들에게도 솔선수범한다.

전준우, 김원중, 구승민의 팀에 대한 애정은 기타 선수들과의 비교에서 오는 '쩐의 전쟁'에도 거의 무관심했다. 실로 몇 해 전 롯데는 외부 FA 삼인방 영입에 엄청난 거액을 투자하였지만 실패로 돌아갔음에도 이들은 돈의 액수에 개의치 않았다. 비교하지 않은 것이다. 김원중도 어제 FA 계약 후 준우 형 등과 계속 야구를 같이 할 수 있어

행복하다고 했다. 아름다웠다.

그들은 부의 축복에 감사할 것이고 부로 인해 혹은 부를 위해 자신들이 달라지지는 않았다는 것에 만족할 것이다, 아울러 그들의 발이 동료들과 함께 땀을 흘려온 그라운드를 앞으로도 함께 딛고 뛸 수 있을 것이라는 사실이 즐거울 것이며 성공하여 FA로 단지 좀 더 좋은 신발을 신었을 뿐이라는 것에 행복할 줄 아는 선수들일 것이다.

고구마밭

◇ ◇ ◇

엷은 미소의 할머니가
괭이로 밭을 파시며 콧노래를 부르신다.

봄에 뿌린 고구마 씨가 자라
긴 무더위를 넘기고
고구마 몇 개가 할머니 품으로 돌아온다.

짙은 보랏빛 고구마 몇 개가
산 너머 지는 석양에 비추어지니
고구마의 얼굴은 더 불그스름해진다.

쟁반에 갓 태어난 고구마를 들고 가니
할머니가 또 콧노래를 부르시며 말씀하신다.
집에 가서 쪄서 먹을까? 구워서 먹을까?

할머니가 물어보셔도
대답 없이 먼 산을 바라보고 걸었다.

산 위를 바라보니 하늘은 노을로 어머니의 얼굴처럼 분홍빛이었다.

어머니는 언제쯤 오실까?

브뤼셀 공항 앞 쉐라톤 호텔에서의 조식

◇ ◇ ◇

출장 중 머문 호텔에서의 조식이었다.

서빙을 하던 동양인 젊은이의 가슴에 Mr. Kim이란 명찰이 달려있었다. 나는 반갑기도 하고 한국인이냐고 물어보았다. 그는 쿨하게 "I don't know Korea."라고 대답한 것이 전부였지만 눈빛이 어둡고 뭘 그런 걸 묻느냐는 표정의 냉소적 제스쳐였다. 그가 입양아였다면 입양자의 성을 따랐을 것이므로 아닐 수도 있지만 나의 질문에 대해 약간 신경질적으로 대답하고 가버려 그렇게 생각해 본 것일 수도 있었다.

우리나라가 가난했던 시절 부모들은 생계의 이유로 살기가 힘들어 어린 자녀들을 잘사는 나라에 입양시켜 보냈다.

해외입양은 아동복지인가, 아동학대인가?

[출처] [프레시안] 해외입양은 아동복지인가, 아동학대인가?
https://www.pressian.com/pages/articles/84129

한국계 입양인으로서 스웨덴의 한국학 학자 토비아스 휘비네트(Tobias Huebinette/한국명 이삼돌)는 그의 책 《고아의 나라를 위로하라(Comforting Orphaned Nation)》에서 해외입양을 "식민지 시대의 현대적 프로젝트"라고 주장하면서 해외입양과 식민지 시대의 노예제도 사이의 충격적 유사성을 다음과 같이 주장했다.

1) 노예무역과 해외입양은 둘 다 소비자(서구인)의 수요, 사적 시장의 관심, 씁쓸하기 그지없는 이익 창출, 건강한 노예가 비싼 가격으로 거래되었던 것처럼 어리고 건강한 아동일수록 비싼 가격 체계에 기반하고 있으며,

2) 노예무역이나 해외입양이 공히 출생국 출신의 부르주아 중개인 혹은 전문인에 의존하고 있는 사업이자 효과적인 선박해운 혹은 항공해운에 의존하고 있는 사업이라는 점,

3) 노예와 입양아동, 두 경우 모두에게 부모와 형제와 친족 혹은 중요한 의미를 지니는 사람들과 분리가 일어나며, 원래의 문화와 언어의 박탈이 일어나며, 도착하는 나라의 항구와 공항에서 재출생하며, 기독교화되며, 그 주인의 이름을 따라 세례를 받으며, 오직 마지막에 남는 것은 인종차별주의에 노출되는 비백인의 몸, 그것도 케이스 넘버로서의 번호가 매겨진 몸뿐이라는 점,

4) 노예나 입양아동이나 다 같이 주인의 가정에 영원히 그리고 법적

으로 귀속되며 그들의 가구와 가정의 일원이 된다는 점,

5) 두 경우 모두 그 가정으로 들어서는 순간 물질적 상황이 엄청나게 좋아진다는 얄팍한 주장에 의해서 이 일이 정당화된다는 점,

6) 마지막으로 두 경우 모두 '선한' 구매자나 주인의 필요와 요구와 욕망을 기쁘게 충족시키도록 부름을 받았다는 점 등이 노예제도와 해외입양의 유사점들이다.

휘비네트의 이 같은 주장은 입양부모와의 긍정적인 관계 가운데 있는 입양인들에게는 커다란 거부감을 불러일으킬 만한 것이지만, 그 묘사된 특질의 기본적 성격마저 부인하기는 어렵다.

이런 점에서 미시적 관점에서 해외입양이 아동복지의 차원을 담지하고 있음에도 거시적 관점에서 해외입양은 리콜(recall)돼야 할 제도임을 부인할 수가 없다. 결함 있는 자동차와 부작용이 나타나는 약품의 리콜이 당연하다면 30% 이상의 당사자들에게 정체성의 혼란을 야기하고 자기 존엄에 심각한 훼손을 가하는 해외입양의 아동학대(child abuse)적 성격에 대해 문제를 제기하고 해외입양제도의 중단을 주장하는 것이 너무 지나친 일일까?

1950년대와 60년대에 우리나라는 혼혈어린이들을 해외로 입양 보냈다. 그리고 우리나라는 인종차별이 너무 심한 나라이니까 혼혈어린이들은 입양을 간 것이 아이들 자신들에게 참 잘된 일이라고 생각한다고들 말했다. 그러나 혼혈어린이들이 우리 사회의 새 생명으로 태어났을 때, 우리 사회가 그들의 삶에 대해 공격적이고 해악을 끼치는 인종차별주의에 젖어있었다면, 보다 올바른 선택은 우리의 인종

차별주의를 치유하고 혼혈어린이들이 살기 좋은 나라를 만드는 것이었다. "부모인 내가 악하니까 너는 다른 집에 가서 사는 것이 낫다"는 말과 다름이 없는 생각이다. 인종차별주의를 정리하고 혼혈어린이에게도 따뜻한 사회를 만들어 가야 했을 우리의 의무는 방기한 채로 그들을 해외입양 보낸 일이 옳았다고만 말하고 있는 것은 관찰자의 입장에서만 바라보고 있음을 의미한다.

유대인

◇ ◇ ◇

한 유대인계 회사와 오랫동안 일을 해오고 있는데 유대인에 관한 책에 관심이 생겨 여러 권을 읽어보았다.

전 세계에 흩어져 살고 있는 유대인은 전 세계 인구 75억 명 중 0.2%에 불과하나 그들은 대단하다. 노벨상이 제정된 이후 수상자의 22%가 유대인이고, 빌 게이츠, 워런 버핏, 존 록펠러 등의 유명한 기업인과 칼 마르크스, 지그문트 프로이트, 알버트 아인슈타인, 스티븐 스필버그, 파블로 피카소, 마르크 샤갈, 캘빈 클라인 등 유명한 과학자, 예술가들도 유대인이다.

우수한 인재를 많이 배출한 유대인은 자녀가 어렸을 때부터 몇 가지 원칙을 세워놓고 교육을 시킨다고 한다.

유대인들의 특별한 자녀교육법 중 몇 가지를 소개한다.

○ **배운다는 것은 즐거운 일이다**
유대인 부모들은 아이가 어릴 때부터 무언가를 배운다는 것은 즐거운 일이라고 가르친다. 또한 평생 배우는 것을 게을리하지 말아야 한다고 가르치며 지적인 호기심을 갖게 만든다. 유대인 부모들은 아이가 반에서 몇 등 하느냐보다는 지적 호기심을 잃지 않고 노력하는 성실한 태도를 가지게 하는 데 신경 쓴다. 그리고 끊임없이 배우지 않으면 20년 동안 배운 것도 2년 내에 잊게 된다고 가르치며 평생 배우기를 게을리하지 말 것을 강조한다고 한다.

○ **지혜롭게 사고하는 법을 가르친다**

아이에게 물고기를 잡아주면 아이는 하루를 살지만 물고기 잡는 법을 가르치면 평생 살아갈 수 있다고 가르친다. 유대인 부모들은 아이에게 재산을 물려주기보다 지혜롭게 사고하는 법을 가르치는 것을 부모의 의무라고 생각한다.

○ **두 아이를 비교하지 않는다**

유대인 부모들은 아이를 절대 비교하지 않는다. 아이의 개성을 최대한 살려서 남다른 아이로 키우는 것이 중요하다고 생각하기 때문이다. 두 아이를 비교하면 두 아이 모두를 망치게 되고, 각자의 개성을 찾아 살려주면 둘 다 능력 있는 아이로 자랄 수 있다고 믿는다.

○ **확산적 사고를 일으키는 질문을 한다**

아이가 끊임없이 질문하는 것은 부모에게 귀찮은 일일 수 있지만 교육적인 측면에서 보면 좋은 현상이다. 아이가 질문을 많이 한다는 것은 그만큼 생각이 많다는 것을 의미한다. 바쁘다고, 말도 안 되는 질문이라고 무시하지 말고 아이의 질문에 적극적으로 반응해야 한다. 유대인 부모들은 아이에게 생각할 기회를 주는 질문을 일상적으로 즐겨서 한다. 가령 아이가 소풍을 다녀왔을 때 "소풍이 즐거웠니?"라고 묻는 것은 "예" 또는 "아니오"라는 짧은 단답형 대답을 이끌어내는 폐쇄적인 질문이다. 만약 "소풍은 어땠니?"라고 묻는다면 아이가 여러 가지 상황을 생각해서 대답할 것이다. 이런 대답을 유도하는 질문을 개방적 질문이라고 한다. 개방적 질문은 사고의 폭을 넓히고 더 구체적으로 이야기할 수 있도록 만든다.

○ **참고 인내하는 법을 가르친다**

유대인들은 성공과 실패는 인내력에 달려있다고 생각한다. 그래서 아이가 무엇을 사달라거나 하는 등의 요구를 그대로 다 해주기보다는 "아빠와 한번 상의해보자"라거나 "가족들이 모두 모이면 가족회의를 해서 결정하자"와 같은 말로 아이에게 일단 참을 수 있는 시간을 준다. 어려서부터 원하는 것을 얻으려면 상당 부분 참고 인내해야 한다는 것을 가르친다. 어렵게 얻어낸 것일수록 애착을 가지고 잘 관리하게 되기 때문이다.

○ **어릴 때 충분히 놀게 한다**

유대인 부모들은 아이가 학교에 들어가기 전에는 따로 공부를 시키지 않고 생활규율이나 질서를 익히도록 한다. 공부는 학교에 들어

가서 하면 된다고 생각한다. 대신 가정에서는 아이가 나중에 어려움 없이 공부할 수 있도록 기본 틀을 만들어 주기 위해 노력하는데, 그 시작은 놀이이다.

내가 유대인 회사와 오래 일하며 느낀 바는 유대인 회사는 회사의 규모와 상관없이 가족적이고 실제 개개인도 무척 가정을 중시한다. 유대인들은 가족 친지들이 모여 함께하는 디너 만찬이 그들의 빼놓을 수 없는 필수 행복이라고 한다. 비즈니스에서는 잘 알려진 대로 '용 우선주의'이며 이를 실천한다. 지불해야 하는 대금에 대해서는 유대인만큼 약속을 잘 지키는 민족이 없는 것 같다.

내가 아는 유대계 화학 회사의 사장은 아들을 입사시켰는데 2년 동안 수많은 제품의 MSDS(MATERIAL SAFTY DATE SHEET: 물질안전보건자료) 담당을 시켰다. 아들은 화학 전공이 아니었지만 제품들의 MSDS를 숙지하고 컴퓨터 소프트웨어에 자료를 입력시키고 자료들을 프린트하여 문서철 하드 파일을 만들어 보관하였다. 그가 아들에게 MSDS 업무에 집중하게 한 이유는 간명하다. 제품들의 스펙, 형태, 용도 등등을 숙지하고 나아가 고객들에게 안전 용역을 제공하는 기본을 가르치기 위해서이다. 유대인들은 거래에 있어서도 기본을 중시하고 금전 관계의 신용을 최우선으로 여긴다.

유대인들의 weekly 안식일은 정서적 힘의 원동력이다. 한 주를 반성하고 몸과 마음을 정돈하는 습관이 어릴 때부터 배어난 것이 그들의 지혜와 힘의 밑바탕이 된 것이다. 심지어 안식일에는 운전도 하지 않고 엘리베이터도 타지 않는 유대인들도 있다. 월 스트리트 금융계, 워싱턴 정계 혹은 아이비리그나 영국 명문대학에서 무수한 스타를 배출하고 있는 그들이지만 유대인들이 머리가 총명했다는 역사의 기록은 어디에도 없다고 한다.

창의력을 언급하면 자연스레 유대인의 '하브루타'가 생각난다. 하브루타는 짝을 이루어 서로 질문을 주고받으며 논쟁하는 유대인의 전통적인 토론 교육이다. 이때 부모와 교사는 학생(혹은 자식)이 마음껏 질문하는 환경을 만들어 주고 학생(자식)이 스스로 찾을 수 있도록 유도하는 역할을 한다. 하브루타의 핵심은 질문이다. "아빠 왜 하늘이 파래요?"라고 질문하면 아이에게 좋은 질문을 했다는 표정으로 "글쎄, 왜 파랄까? 넌 왜 파랗다고 생각해?"라고 되묻는다. 이럴 때 아이가 깊이 생각하고 생각한 것을 말로 표현하게 된다. 아빠가 글쎄 하고 시큰둥한 표정으로 성의 없이 대답하면 자연히 호기심과 생각이 멈춰져 창의력이 떨어질 수밖에 없다.

나무가 밝고 따뜻한 햇살을 받고 세찬 바람을 이겨내고 다양한 영양분을 가진 토양에 뿌리를 내린 다음에 마음껏 자랄 시간과 공간이 있어야 하듯이 아이도 큰 꿈에 대한 따스한 격려를 받고 전문성을 쌓고 정체성을 확립한 뒤에는 그것을 마음껏 펼칠 수 있는 여유와 자유가 있어야 한다.

　그런데 유대인들의 사업 바운드리 쟁탈전에서 승리한 나라가 한국이다. 미국 동부와 서부의 농수산물 상권의 규모는 거대하고 엄청나다. 오랜 기간 유대인들이 주도권을 가지고 이탈리아계 미국인들과 경쟁하던 상권이었다. 그런데 수십 년 전 아메리칸 드림의 꿈을 향해 이민의 붐을 타고 한국인들이 들어오면서 이탈리아계가 손을 들고 나갔고 유대인들이 하나 둘 짐을 싸고 나갔다. 농수산물은 공급 신선도 또한 중요하여 우리 이민 1세대들의 '24 HOURS OPEN'에 유대인들도 손을 들고 나간 것이다. 이민 1세대 자녀들도 미국 각지에서 성공 사례들이 무수히 많다.

　이렇게 우리나라는 국내외에서 비약적 성장을 하였지만 유대인들의 문화를 따라가지 못하는 것들이 있다. 희미해지는 부모에 대한 효심, 세대 갈등 그리고 애국심이 희석됨을 본다.

　동양의 충효가 뿌리가 깊은 원인은 공자에 의한 유학이 동양의 지배 이데올로기를 좌우하였기 때문이며 공자 시대의 충은 오늘날의 의미와 같은 국가에 대한 충성의 의미는 아니었다. 타인에 대한 성실의 의미였으며 이는 효와 마찬가지로 인의 실현이었다.

　유대인에게는 하브루타 교육 방식이 있었다. 내가 본 유대인들은 한결같이 하브루타 교육 방식의 전통을 이어가고 있음을 본다. 유대인들의 교육 방식과 비교할 생각은 없다. 우리의 교육은 어느 방향으로 가고 있는 것일까?

진실한 도움

◇ ◇ ◇

어떤 부유한 농가에 한 걸인이 찾아들었다. 며칠을 굶은 걸인은 농부에게 음식을 요구했다. 농부의 창고에는 음식과 과일이 가득했다. 그러나 욕심 많은 농부의 아내는 다 썩어가는 마늘 줄기 하나를 뽑아주었다. 걸인은 그것으로 겨우 요기를 했다.

세월이 흘러 농부의 아내는 세상을 떠났다. 그녀는 천사에게 천국에 올라가게 해달라고 부탁했다. 그러자 천사가 다 썩은 마늘 줄기 하나를 보여주며 말했다.

"당신이 세상을 사는 동안에 유일하게 자선을 베풀었던 물건입니다. 지금부터 마늘 줄기의 한쪽 끝을 붙잡고 천국으로 올라오시오."

농부의 아내는 마늘 줄기를 붙잡고 천국으로 날아올랐다. 그러나 썩은 마늘 줄기는 곧 끊어졌고 그녀는 깊은 지옥 불에 떨어지고 말았다.

톨스토이의 소설 가운데 나오는 이야기다.

남을 도울 때는 진정성이 있어야 한다. 의미가 없는 동정이어서는 안 된다. 서글프게도 자신에게 해를 끼치는 도움 요청을 받기도 한다. 요즘처럼 복잡한 세상에는 더욱 그렇다. 기부와 같은 선행은 아름답지만 금전에 얽힌 도움이 관계를 망치는 경우들을 많이 본다.

돈이 말할 때는 진실은 입을 다문다.

어린 시절 동네 병원장

◇ ◇ ◇

강원도 동해에서 근무하던 60세였던 정신과 의사가 몇 년 전 가족과 주말을 보낸 뒤 아파트 엘리베이터에서 쓰러져 뇌출혈로 인한 뇌사 추정 판정을 받았다는 뉴스를 보았다. 삼성서울병원으로 옮겨진 뒤에도 상태가 호전되지 않았고 가족들의 동의를 통해 김 씨는 장기 기증으로 6명을 살렸다. 간(분할), 신장(좌, 우) 각막(좌, 우)과 조직 기증을 하고 삶을 마무리한 것이다. 그 후 그가 동해에 의사로서 근무 시 보여준 선행이 세상에 알려졌다.

마포에서 초등학교에 다닐 무렵 동네에 한 병원이 있었다. 원장과 간호사 2명이 있었다. 어려서였을지 모르지만 의사 하면 다들 무서워하였고 권위적으로 느껴졌다. 병원 하면 주사를 떠올렸으니 어린 또래들이 무서워하지 않을 수가 없었다.

병원 원장은 동네의 선교자 같았다. 당시에는 병원이 많지 않아 어찌 보면 지역 독점이었는데도 말이다. 그 동네는 빈부차가 아주 심했다. 아랫동네, 중간동네, 그리고 윗동네로 나뉘었는데 망태산 밑의 윗동네가 제일 살기 동네 어려운 동네였다. 안타깝게도 주말이면 세

동네에서 어린 남자아이들의 전쟁놀이가 벌어졌다. 장난감 총, 칼, 도구들이 총동원되었다. 새총도 있었고 전쟁놀이가 있는 날 아침이면 모여서 새총 알들을 만들기도 했다.

윗동네에는 천막집도 두 채나 있었고 버스나 전찻길에서도 제일 멀었다. 원장은 윗동네에 연탄을 기증하였고 매주 토요일 오후에는 무료 방문 검진을 다녔다.

하루는 형이 병원에 가서 어머니께서 집안일을 할 테니 나보고 같이 가보라 하셨다. 동네가 크고 유동인구가 많은 곳이라 그날도 환자와 보호자들이 많았다. 원장은 내게 동생이냐고 물었다. 형제 사이에 우애가 있어야 집안에 복이 온다며 눈깔사탕을 주셨다.

원장은 나이가 지긋하셨다. 나중에 들은 이야기이다. 아들이 월남전 참전 희생자였다. 그 후 충격으로 1년간 의사를 그만두고 마포에 병원을 차리며 선행을 실천하는 의사가 되기로 마음먹으셨다고 한다.

우리나라는 1965년부터 1973년 휴전협정이 조인될 때까지 베트남에 육군 맹호부대, 청룡부대, 백마부대 등 8년간 약 32만 명이 파병되었다. 미국 다음으로 베트남 전쟁에 깊이 개입했던 것이다. 전쟁 후 한국은 커다란 발언권 행사가 가능했고 미국으로부터 전쟁 참전 수당과 차관을 받아 국방과 경제 발전의 토대를 마련한 것이다. 1966년

10월 마닐라에서 열린 참전국 정상회담에서는 주도적 지원국가가 되어 박 대통령이 기조연설을 하였다.

한반도 안보 문제와 한국군 현대화를 위한 브라운각서(1966년 3월)가 이어졌으며 전투참전 경험을 한 것이다. 파병된 32만 명 중 불행스럽게도 5,099명의 사망자와 11,232명의 부상자가 나왔다. 여기에 159,132명이 고엽제 피해자로 간주된다. 전두환도 이 전쟁에 연대장의 신분으로 참전하였다.

참전의 대가로 우리 정부는 미국으로부터 경제원조자금을 지원받았고 이는 경부고속도로 건설 비용의 일부가 되었다. 1973년 완전히 철수했고 베트남은 공산화되었다.

1969년에는 가수 김추자의 〈월남에서 돌아온 김 상사〉가 히트를 쳤다. 어릴 때 길거리에서 한쪽 팔이 없거나 다리를 절며 동냥을 하는 아저씨들을 가끔 보았는데 베트남전 참전 시 부상을 입은 분들이었다.

모리와 함께한 화요일

◇ ◇ ◇

언젠가 미치 앨봄의 《모리와 함께한 화요일》을 읽고 대학 시절 친하게 지내던 교수님께 한 권 사서 보내드린 적이 있다.

어느 교수와 제자의 이야기로 진행되는 실화를 바탕으로 쓰여진 책이다.

부자가 되기 위해 살아가면서 죽기 전에 모든 것을 이루려고 하는 성취욕 넘치는 미치 앨봄은 전형적인 현대인의 스포츠 기자라는 직업을 가지고 있었다. 돈을 벌고 좋은 집과 좋은 차를 사면서 인생이 늘 탄탄하기만 했던 어느 날 자신이 다니던 신문사가 폐쇄되면서 피폐한 삶을 살고 있었다.

제자는 자신의 선생님이었던 모리 슈워츠 교수와 우연히 재회하게 된다. 교수는 근위축성 경화증으로 인해 죽음을 앞두고 있었다. 앨봄은 매주 화요일마다 루게릭병으로 시한부 인생을 살고 있는 78세 교수님을 찾아갔다.

루게릭병은 세포가 점점 파괴되고 근육이 위축되는 치명적인 신경계통의 희귀병인데 모리 교수는 시한부 선고를 받은 후 세상에 버림받은 느낌에 극심한 괴로움을 느끼고 있었다. 자그마한 보행기에 의존하며 연명하고 있었다.

삶을 원망했던 처음과 달리 모리 교수는 이렇게 슬퍼하다가 죽음을 맞이할 것인지 아니면 최선을 다해서 남은 시간을 보낼 것인지를 두고 고뇌하였다. 그러던 중 의미가 있는 일을 하고 싶다는 생각을 했고 자신이 죽어가는 과정이 많은 사람들에게 연구 대상이 되고 자신을 통하여 멋있게 죽음을 맞이하는 법을 배우길 바랐다.

그는 앨봄에게 새로운 인생관을 정립시켜 주기로 했다.

앨봄은 시한부 선고받은 자신의 은사님을 만나며 인생에서 정말 중요한 것은 돈이 아니고 사람답게 살아가는 것임을 깨닫고 자신의 인생을 바라보는 시각을 조금씩 바꾸어 나가기 시작했다.

모리 교수는 말한다.

"죽음을 앞두고 살아간다면 헛된 야망에 빠지지 않을 것이고 그렇게 중요하지 않은 일에 몰두하지도 않을 것이니 시간을 허비하지 않으면서 여유가 많이 생기지 않겠는가. 그 여유를 남을 위해 살고 물질보다 더 소중한 사랑과 우정 그리고 관심과 인정과 배려를 충분히 베풀 만큼 살라."

오늘 골프장 근처에서 식당을 운영하는 어느 분의 기사를 보았다.

최근 주말 점심으로 4인분 백숙을 예약 주문해 놓고 나타나지 않은 이른바 '노쇼(no-show) 고객'으로 속앓이를 한 사연이다.

식당 주인은 아침 6시 30분에 온라인으로 (당일) 낮 12시 30분 한방토종닭백숙 4명 예약이 들어와 시간 맞춰 준비를 해놓았다.

그러나 약속 시간이 되어도 손님이 나타나지 않았다. 기다리던 주인은 예약 손님에게 전화를 걸었으나 돌아온 답변이 당황스러웠다. 골프 게임이 밀려 못 가겠다며 다짜고짜 취소해 달라는 것이다.

주인이 이미 준비를 다 한 음식이라 취소가 어렵다고 하니 왜 나한테 확인 전화도 안 해보고 요리를 했느냐고 화를 내더란다.

음식이 이미 나온 경우 늦게라도 온다고 하면 다시 데워서 준비해 드리는데 이 손님은 취소부터 얘기했고 음식은 다 식어 다른 사람한테 팔지도 못한다고 말했다. 주인은 특히 근처 골프장에서 오는 진상들에게 툭하면 노쇼를 당해 피해만 입다가 열을 받아 경찰서를 찾아

갔다고 한다.

주인의 한 차례 통화 이후 계속된 전화와 문자에도 응답하지 않던 손님은 경찰이 전화하자 골프가 늦게 끝나고 손님들과 골프 중인데 더는 상대하기 싫어 전화를 끊고 문자와 전화를 씹은 것이라고 말했다고 한다.

얼마 전 다른 일이지만 김밥 40줄 노쇼 사건 기사도 있었다.

모리 교수의 말이 다시 떠오른다.

"여유를 남을 위해 살고 물질보다 더 소중한 사랑과 우정 그리고 관심과 인정과 배려를 충분히 베풀 만큼 살라."

조금 더 나은 환경에 있는 사람들이 그렇지 못한 사람들의 마음 구석구석을 배려하며 살아갈 때 우리 사회는 더 다정다감해진다.

나쁜 습관에서 벗어나기 위한 마음 다스림

◇ ◇ ◇

언젠가 마음을 다스리는 명상수업에 참여해 보았다.

습관은 하루하루의 삶이라고 한다. 반복되는 행동들이 모여 내 일상을 만들고 하루하루가 모여 인생이 되기 때문이란다. 그래서 습관은 사람에게나 짐승에게나 살아 숨 쉬는 모든 생명체에게 중요하다고 한다.

수업에서는 사람의 뇌는 자극이나 쾌락에 하루에도 수십 번씩 반응하게 되어 좋은 습관과 나쁜 습관이 반복되지만 나쁜 습관에서 벗어나기는 어렵다고 한다.

이어진 수업의 요지는 이렇다.

습관은 인류의 진화적 과정에서 생성된 것이다. 생존에 유리한 행동들을 하게 되면 뇌는 쾌락을 느끼게 해서 그 행동을 기억하고 반복하도록 만드는 것이다. 계기-행동-보상의 순서인 것이다. 교육학과 심리학에서 말하는 '강화'의 프로세스이기도 하고 습관이 고착화되는 과정이기도 하다.

몸은 쾌락적인 습관을 버리려고 하면 마치 생존에 위협을 느끼는 것처럼 착각하여 격한 저항을 하게 된다. 강한 쾌락이 주는 자극에 적응한 뇌는 약한 자극에 더 이상 반응하지 못한다. 그러니 쾌락적 습관에서 벗어나려 하면 일단 사람은 기분이 다운된다.

흡연도 그렇다. 흡연을 시작하고 지속하는 과정과 그것이 습관화되고 확장된 이유는 흡연자들이 잘 안다. 금연의 과정이 고통스럽다 보니 다음과 같은 제안을 권유한다.

명상의 원리에 대한 활용을 호기심을 가지고 해보는 것이다. 명상하라는 게 아니라 원리를 활용하는 것이다. 나의 욕구, 감각 그리고 감정이 어떠한지의 원리를 파악해야 한다. 그것을 바라보는 것. 그대로 인지하는 것이 필요하다는 것이다. 메타인지의 개념을 알면 좋다. 담배가 피고 싶은지 맛과 향은 어떤지 진짜로 기분이 좋은지. 아니라면 아니구나 하고 의식적인 객관화를 반복하면 결국에는 뇌가 무조건적인 반응을 객관적으로 인식해서 습관의 관성에서 떨어져 나갈 수 있다고 한다. 드디어 이 멍청한 뇌가 이 행동이 생존에 필요하고 진짜 좋은 것이 아니라는 것을 알게 되는 것이다.

지지난 주 동네에 사는 친구와 저녁 식사를 하였다. 그는 담배를 끊었다며 집에 있던 전자담배, 금연초 등등을 넣은 주머니를 한가득 가지고 와 내게 주었다, 내용물 들을 보니 금연 시도에 무진 애를 쓰다 금연에 성공함을 알게 되었다. 그 친구는 내가 골프에 한참 흥미를 가진 몇 년간 만난 많은 친구, 형님, 동생들 중 골프를 끊은 후에도 만남을 이어가는 두세 명 중 하나이다. 개성이 강하여 나의 잘못된 점을 충고하기도 하고 질책하기도 한다. 충고는 겨울에 내리는 눈과 같은 것이다. 그는 늘 나를 얌전하게 충고해 주어 진심으로 고맙다. 그가 이웃이나 집안 어른들에게 잘하는 모습을 나는 배운다. 그는 일 년여 전쯤 암 진단을 받고 거의 완치되었을 것이며 아프고 난 후 더 밝아 보이고 미소도 더 많아졌다. 조용히 내리면 내릴수록 마음에 깊이 오래 남고 마음속에 스며드는 것도 깊어지는 것이다.

흡연뿐 아니라 많은 습관들이 그럴 것이다. 습관은 일상 속에서 우리를 지배하는 것이다.

그렇다. 나쁜 습관이나 연약함으로 내면의 고통에 지배되는 자는 외부의 힘에 지배당한다. 새해도 얼마 남지 않았다. 남은 한 해에는 나쁜 습관에 대한 성찰을 하고 메타인지의 개념을 명상하는 마음으로 바라보고 싶다.

▶ 메타인지: 자신의 인지 과정에 대하여 한 차원 높은 시각에서 관찰·발견·통제하는 정신 작용. 내가 모르는 것이 무엇인지 냉정하게 판단한 뒤 이를 채우기 위한 또 다른 계획을 구상하는 일련의 과정이 메타인지와 연관돼 있다. (출처: 동아사이언스)

어린 시절 경보극장 앞에서

◇ ◇ ◇

어느 화사한 일요일이었다. 하늘은 맑고 푸르렀고 거리에는 봄기운이 가득했다.

아버지께서 영화관 초대권을 두 장 선물 받았다고 우리 다섯 식구와 영화를 보러 가자고 하였다. 그런데 형이 감기몸살이라 다 같이 갈 수가 없었다. 어머니의 제안으로 나머지 네 식구가 종이 추첨을 하기로 했다. 작은 손으로 종이를 펼쳤을 때 내가 당첨되었다. 나는 아버지와 함께 집을 나섰다. 전차를 타고 내려 조금 걸어서 경보극장에 내렸다. 이미 사람들로 붐비고 있었고 매표소에 줄이 길게 늘어섰다. 기다리는 사람들의 웃음소리와 웅성거림이 영화의 설렘을 더했다. 우리는 초대권이 있었지만 매표소 앞 긴 줄에 서서 초대권에 도장을 받아 입장하여야 했다.

줄 앞에는 아버지 손을 잡고 온 어린 아들 둘과 딸이 있었다. 그 아버지가 주머니를 한참 뒤지셨으나 지갑을 깜빡 집에 두고 오셨다고 돌아가자고 하였다. 아이들은 엉엉 울며 떼를 쓰기 시작하였다. 제일 작은 아이는 땅바닥에 주저앉으며 울었다.

그 순간 나의 아버지가 조용히 나서셨다. 초대권 두 장과 간식거리를 사기 위해 주머니에 넣어온 지폐 몇 장을 앞의 네 식구에게 주셨다. "영화 잘 보세요" 하고 말씀하시던 아버지의 목소리는 짧았지만 단호하고 따뜻했다. 그들은 너무나 고마워했다. 아이들의 눈에도 햇살 같은 웃음이 다시 찾아왔다.

아버지도 지갑 없이 간식거리 지폐 몇 장만 가지고 오신 터라 우리는 영화 관람을 포기하고 다시 전차를 타고 집으로 돌아왔다. 그때는 지갑 소매치기가 사회문제가 되던 시절이었다. 가끔 어머니와 공덕시장에 장을 보러 갈 때도 어머니는 지갑 대신 지폐 몇 장을 주머니 깊숙이 넣고 나와 함께 가시곤 했다.

그날은 말씀이 많지 않으셨고 늘 무뚝뚝해 보이기만 했던 아버지 마음을 처음으로 알았던 날이었다.

걸음마를 시작한 딸과의 산책

◇ ◇ ◇

1987년 서울은 88 올림픽 준비로 활기가 넘쳤다. 당시 나는 종합무역상사에 다니고 있었다. 당시만 해도 8시 출근에 8시 퇴근이 일상이었다. 특히 그룹사 중에서도 종합무역상사 직원들이 제일 바쁘고 일도 많았다. 정확한 통계가 기억나지 않지만 우리나라 5개 종합무역상사가 총수출의 절반 정도를 해내던 시절이었다. 자부심도 많았지만 극심한 경쟁일변도로 인한 인격장애자들도 많이 보인 직장이었다. 망년회 때는 내가 일하던 본부 부장급 이하 약 30명이 술자리 회식을 하였는데 정말로 깨진 술병 등에 피 흘리는 일들이 두 해 연속 망년회 에서 벌어졌고 그들은 다음 날 지난밤 아무 일 없었다는 듯 일을 하였다.

나는 당시 송파구 가락동에 살았는데 주6일 근무니 가족들과의 일요일 시간이 반가웠다. 어느 화창한 봄날의 일요일 딸을 데리고 아파트 주변을 걷는데 길가에 핀 꽃이며 이파리들을 보고 딸이 환호하던 모습이 딸을 보면 떠오른다. 늘 다음 날 월요병을 걱정하던 일요일. 딸과의 산책은 내게 위안을 주었다.

지난주 딸이 휴가를 내서 집에 왔다. 오랜만에 만난 우리 네 식구는 집에서 저녁 식사를 하다 우연히 한국 문화에 대한 이야기를 꽤나 오래 이어갔다. 딸은 우리나라가 유럽에 비해 중산층의 기반이 두텁지 않은 것이 안타깝다고 했다. 중산층의 사회적 참여나 역할이 클수록 사회는 안정되고 국민들의 단합과 애국심에도 보탬이 된다고 했다.

외교관이 꿈이었던 딸은 일찍부터 유학생활을 오래 하고 독립심이 강해 석사과정 때부턴 해외에서 아르바이트를 해가며 학비와 생활비 일부를 스스로 해결하였다. 아빠가 회사를 다니고 그리고 사업을 하면서 돈을 버는 사회 활동이 얼마나 힘든지를 그때 처음으로 체험했다고 한다. 학교를 선택할 때 집과 먼 곳을 선택하면 독립심이 강해진다고 한다. 자수성가로 41세의 나이에 중국 최고의 부자가 된 틱톡 모회사 바이트댄스의 자이밍도 독립심을 위해 대학을 집에서 먼 곳을 택했다고 한다.

딸이 휴가차 한국에 와서 대학 캠퍼스를 가보았다. 우리나라 학생들의 멋진 의상 패션에 감탄하였다. 딸은 우리나라 젊은이들의 뛰어난 패션 감각이 훌륭한 K-문화를 전 세계에 보급하는 데 일조한다고 말하였다. 휴가차 한국에 오면 역사나 문화 등에 관한 책을 열 권쯤 사 갔고 비엔나에서는 주로 전자책을 통해 독서를 즐기는 독서광이다. 딸이 책 읽기를 좋아하는 이유는 생각의 유연성에 도움이 되기 때문이란다.

생각의 유연성이란 무엇일까?

경쟁 일변도인 우리 사회에서의 세대 갈등, 젠더 갈등, 입시 경쟁 그리고 이혼율과 저출산 문제에 이르기까지 우리 모두가 사고(思考)의 유연성을 잃어가는 데서 기인하는 것은 아닐까? 가정에서도 그렇다. 부모와 자식 간의 좋은 관계도 유연성에 있다. 내 주장, 내 생각에 그릇된 상대는 전투하듯 질타하고 모든 이슈에서 그리고 경쟁에서 이겨야만 만족하는 근성 때문은 아닐까?

성장기 시절 딸은 성격이 조금 까칠한 편이었다. 그런데 통화를 할 때나 SNS로 대화할 때 성격이 아주 유해졌다. 한국에 와서도 그렇다. 대학원 때부터 살아오고 있는 비엔나의 문화적 환경 때문이라고 생각한다.

딸이 살고 있는 비엔나는 구스타프 클림트와 에곤 쉴레의 도시로 고전과 현대를 아우르는 예술의 숨결이 살아 숨 쉬는 곳이다. 미술관의 문화적 가치도 훌륭하다. 우리가 살아가는 삶 속에서 예술이 가지는 진정한 의미는 무엇일까? 인간은 살아가며 무수히 많은 감정을 경험한다. 기쁨, 슬픔, 외로움, 설렘 그리고 때로는 그 경계를 정의하기조차 어려운 모호한 감정들까지. 그러나 우리가 느끼는 이 모든 감정을 100% 언어로 담아낼 수 있는가? 철학자 비트겐슈타인의 물음처럼, "언어는 우리의 감정을 모두 담아낼 수 있는가? 혹은 언어는 감정을 제약하는가?"라는 질문이 떠오른다.

예술은 언어로 표현할 수 없는 인간의 복잡한 감정을 드러내는 도구 같은 것이다. 음악은 멜로디를 통해 감정을 흐르게 하고 미술은 색과 형태로 감정을 그려내며 무용은 몸의 움직임으로 감정을 말해주는 것이다.

어쩌면 예술은 인간 존재의 내밀한 언어, 언어로는 닿을 수 없는 감정을 해방시키는 도구일지도 모른다.

내가 만나온 스위스나 오스트리아 같은 영세중립국 사람들을 보면 대개 성격들이 차분하고 쉽게 끓어오르거나 쉽게 식지 않는다. 영세중립국(Permanently Neutral Country)은 그 국가의 안전과 독립을 위해서뿐만 아니라 이것을 기반으로 평화를 추구하고 유지하기 위한 목적으로 인정된다. 세계 곳곳에서 전쟁이 빈발함이 참으로 서글프다.

출장 중 가본 스위스나 오스트리아의 음식들도 다른 유럽 국가들에 비해 부드럽다. 오스트리아 요리 중에서도 특히 유명한 요리로는 히히츠와 슈니첼이 있다. 히히츠는 오스트리아의 전통 음식으로 차돌

박이를 가공하여 만든 요리인데 부드럽기 그지없다. 슈니첼은 돼지고기나 소고기를 가늘게 썰어 튀긴 요리인데 바삭하고 고소한 맛으로 오스트리아 요리 중에서도 특히 유명한 음식이다. 오스트리아 요리가 심플한 것은 그들의 역사와 문화 그리고 정서를 반영한다.

전쟁을 많이 혹은 심하게 경험한 나라들의 음식은 수없이 많으나 햄버거는 18세기 초 미국으로 이민 온 독일 출신 이민자들에게서 이 스테이크가 미국에서 미리 알려지면서 함부르크에서 온 스테이크라는 이름인 햄버그 스테이크(Hamburg steak)로 불리게 되었다는 유래도 있고 제2차 세계대전 당시 미국과 영국 등 연합군들이 빨리 식사를 준비하고 전투에 투입되어야 해서 빵 사이에 고기 한 덩어리를 넣고 서둘러 만든 것이 함부르크에서의 햄버거의 탄생이라는 유래도 있다. 외세의 침략을 많이 받은 우리나라에서는 전투에 대비해 김에 밥만 빨리 말라 반찬을 따로 해서 만들어진 것이 충무김밥의 유래라는 이야기도 들었다.

딸은 유엔 비엔나 본부 마약 및 범죄처(UNODC)에서 근무하고 있다. 아직 세월이 한참 남았지만 정년퇴직하면 한국으로 돌아와 살았으면 한다.

걸음마를 시작할 때의 딸 모습을 떠올리면 아주 오래전 이야기지만 세상도 많이 변했다. 딸은 지식과 교양을 위해 독서라는 아주 좋은 습관을 가지고 있지만 너무 집착하면 지나치게 논리적이 되는 경우도 있기 때문에 책 읽는 시간을 줄였으면 한다.

스위스 바젤

◇ ◇ ◇

바젤에는 대형 화학 회사들이 있어 수출 상담차 여러 번 출장을 갔다. 늘 머문 Hotel Europe 앞 도심 거리는 좀 한적한 곳이다. 상점들도 그다지 붐비지는 않았는데 하루는 무슨 날이었는지 기억나지 않지만 시민들의 시가행진이 있었다.

화려한 색상의 옷을 입은 시민들이
마차를 타고 혹은 소형 트럭에 몸에 싣고 나팔을 불어댄다.
뒤편을 따르는 간소한 로드 마치 행렬

작은 도시
작은 축제
그리고 작은 퍼레이드

평범한 미소들
중립국스런 표정이라 자연스럽게 보인다.

길가에서 즉석 소시지를 파는 상인들도

지폐를 꺼내는 거리의 손님들도

길가에서 폭죽을 파는 상인들도
지폐를 꺼내는 거리의 손님들도

그들은 복잡해 보이지 않는다.

작은 도시
작은 축제
그리고 조용한 퍼레이드

스위스는 영세중립국이다. 영세중립국이란 조약에 의하여 자위의 경우를 제외하고는 영구히 다른 국가 간의 전쟁에 참가하지 않을 의무를 부담하는 한편 다른 국가에 의하여 자국의 독립과 영토 보전이 보장된 국가를 말한다.

요즘 뉴스를 틀면 세상을 뒤흔드는 전쟁의 소식이 끊이지 않는다. 거센 폭탄 소리 속에서 무너지는 집들, 그 잔해 속에서 살아남기 위해 필사적인 사람들. 그들의 눈빛은 스위스의 잔잔한 축제와는 대조적으로 그들의 얼굴에는 두려움과 상실이 깊이 새겨져 있다.

폭격의 불길에 휩싸인 마을에서 사람들과 어린아이들은 더 이상

나팔을 불며 웃지 못한다. 전쟁으로 집을 잃고 세상을 떠나는 사람들을 보면 서글퍼진다.

두 개의 식당

◇ ◇ ◇

　내 사무실은 회사들이 밀접한 곳에 있다. 젊은이들도 많고 유동인구도 많다.

　근처에 몇 년 전 거의 같은 시기에 두 개의 고깃집 식당이 오픈을 위해 인테리어를 하고 있었다. A 식당은 약 3주 걸린 것 같고 B 식당은 약 2달 걸린 것 같다. A의 인테리어가 훨씬 좋아 보였다. 오픈 무렵 A는 지나치다 보면 사장과 몇 분들이 회의를 하고 있었다. 오픈 후 나는 11시 좀 지난 이른 시간에 점심 식사를 위해 A 식당에 들어갔다. 주인, 주방장, 서빙 직원이 식당 경영에 관해 진지한 토론을 하고 있었다. B의 분위기는 A와 사뭇 달랐다. 일단 식당의 아침 오픈 시간이 일정하지 않았으며 A보다 두 시간이나 늦은 11시가 되어서야 여는 날도 많았다.

　몇 년이 지난 후 A는 맛집이 되었다. 나는 얼마 전 텅 빈 B 식당에 갔다. 주인은 의욕이 떨어진 듯 월세 내면 적자라며 불황의 책임이 정부에 있다고 했다. 일부분만 맞는 말이다.

A와 B 식당의 주인은 비슷한 나이 또래의 중년이다. 더 많은 시간을 일한다고 꼭 성공하는 것은 아니다. 더 많은 회의를 한다고 꼭 성공하는 것도 아니다. 그러나 위 사례에서 보듯 우선 B는 시간 경영에서 시작부터 A에 졌다. 노동 시간을 길게 하라는 것이 아니다. 성실한 노동 시간이어야 여가 시간도 즐거운 법이다.

또 다른 식당 이야기를 해야겠다. 예전부터 동네에 아주 레시피가 훌륭한 돌솥밥 집이 있었다. 줄을 서서 기다릴 정도로 맛집이었고 서비스도 좋았다. 무슨 일인지 주인이 바뀌었다. 조금씩 손님이 줄더니 주인이 바뀐 지 3달도 안 되어 식당의 홀 한 부분을 창고로 만들었고 며칠 후에는 샌드위치 휴일 겸 5일간 휴가로 식당 문을 닫는다는 현수막을 붙였다. 휴가철도 아니었다. 서비스도 "주인이 먼저다"였고 주문 후 음식 나오는 시간도 전보다 길어졌다. 셀프 반찬대 앞에는 반찬 남기는 손님 벌금 2천 원이라는 팻말을 붙였다. 음식 쓰레기로 인한 환경 보호에서는 좋은 슬로건이라 다른 서비스가 좋고 붙였으면 좋았을 것을. 나는 식당들을 갈 때마다 식당이나 회사나 경영의 본질은 같다는 생각을 늘 한다. 얼마 후 20년 전통의 간판이 다른 식당으로 바뀌었다.

미래는 오늘 어떻게 시간 관리를 하느냐에 달려있다. 미래가 아직 널리 퍼지지 않았을 뿐이다.

코로나 팬데믹 이후 부분적인(예를 들어 주 1~2일 등) 재택근무가 늘었다고 한다. 출퇴근 시간이 유연해졌으며 직장 내 시간 관리도 어느 정도 자율성이 부여되었다. 기업의 성패에 있어 TIME MANAGEMENT(시간 경영)는 아주 중요하다. 재택근무의 시간 관리 매뉴얼은 기업의 성패를 좌우한다고 한다.

식당 이야기를 하는 김에 중국 음식과 식당 문화에 대해 알아보자. 우리나라 음식은 손이 많이 가는 손맛의 기술에서 나온다. 그러나 반찬 수에 비해 메뉴의 종류는 한정적이다. 메뉴가 다양하기로는 중국 음식이 대표적이다.

중국 요리가 다양한 데는 역사적 이유가 있다. 사천 음식이 매운 이유와 북경 요리가 궁중 음식이라는 것은 일반적인 지역적 특성이다. 진시황과 같은 인물들의 영향이 음식 문화에 영향을 미쳤고 다양한 소수 민족의 문화가 음식의 다양성의 원인이기도 하다. 중국은 한족 포함 총 56개 민족이 살고 있다.

내가 아는 한 중국 친구는 중국이 다른 나라에서 먹지 않는 동물 등을 먹는 이유는 너무 오래 가난했고 인구가 많기 때문이라고 한다.

진시황은 최초의 중국 황제로 중국 요리에 영향을 끼쳤다. 생선을 즐겼으며 어묵의 원조가 되었다. 서태후는 청나라의 황후였으며 음식 문화에 열정적이었고 궁궐에서 한 끼 식사에 150가지 요리를 상에 올리는 것이 일상이었다고 한다.

역사적으로 중국은 실크로드를 통해 중국은 서양과 교류하면서 서양의 다양한 음식 재료와 향신료들을 중국에 들여오게 되었다.

전쟁과 기아로 중국인들은 다양한 음식을 개발하여야 했다. 중국만이 아니더라도 수렵 시대는 짐승을 사냥하여 주식으로 한 시대를 말한다. 지금도 세계 곳곳에 수렵이 생존 전략인 지역들이 있다.

중국 요리는 흔히 세계 3대 요리에 들어간다. 내가 만난 서양 사람들도 대개 중국 요리를 아주 선호한다. 일본 사람들도 음식을 즐긴다. 보통 유대인들이 돼지고기를 안 먹은 것으로 알았는데 미국에 가 보니 유대인들이 중국 식당에서 돼지고기를 잘 먹는 것을 보았다.

원탁 테이블이 많은 이유는 상하관계가 아닌 수평적 관계와 단합을 의미한다. 중국에 출장을 가면 대표의 차를 운전하는 운전기사도 중요한 저녁 식사 파티에 동석한다. 음식이 나오면 먼저 주빈부터 시식하도록 배려하며 다음에는 시계 방향으로 움직여주는 것이 예의이다. 자리는 우리나라처럼 주빈을 문을 정면으로 바라보게 한다. 한국과 달리 서비스 반찬이 따로 나오지 않아 별도 주문을 한다.

주도는 보통 자기 잔을 자기가 따르는데 상대방이 따라주는 경우는 손가락 두 개를 잔이 놓인 옆 바닥을 두드려 준다. 술을 따라주는 경우에는 잔에 가득 따라준다. 생선 요리를 먹을 때 생선을 뒤집으면 집이 망한다는 속설이 있어서 불편해도 뒤집지 않는 습관이 있다.

우리나라 식당의 음식 메뉴도 다양성이 필요하다. 우리 집 근처에 식당골목이 있는 데 한 건물에만 20여 개의 식당이 있고 절반이 돼지고깃집과 소고깃집이다. 곱창집, 막창집, 수육집까지 합치면 15개는 될 거다. 그중 절반은 손님이 없어 간판을 자주 바꾼다. 잘되던 식당도 같은 건물에 같은 메뉴의 식당이 들어서면 경쟁은 더 치열해진다. 뉴욕에 유명한 한국인 셰프들이 많다. 음식의 다양성이 중시되는 미국 식당가의 한국 셰프들은 새로운 메뉴 출시에 대한 연구를 활발히 하고 있다.

독일에서 온 마차

◇ ◇ ◇

학창 시절 아주 활달한 성격의 후배가 있었다. 그는 일종의 아르바이트로 수업을 마친 후 캠퍼스 밖 담벼락에 독일에서 온 마차라는 포장마차를 차렸다. 학창시절 나와 지방여행도 가고 소주도 자주 마신 기억이 난다.

그와 몇 년 전 30여 년 만에 우연히 만나 술을 한잔 마셨다. 활달한 성격 그 자체였다. 학창시절 지방에 여행가 여인숙에서 신발을 도둑맞은 이야기며 다방에서 만난 DJ와 한잔하던 이야기며 흘러간 이야기들을 나누었다.

의류 사업을 하다 실패한 후 중국, 미얀마에서도 머물렀던 그는 귀국해 택시 기사를 하기도 했고 그러다 늦은 나이에 도시 재생 가로수 정비 사업을 하며 어느 정도 기반을 잡은 상태였다.

그 후 그는 부산에 대여섯 번이나 내려와 여러 번 만났다.

오래된 벗을 만나면 그냥 반갑다 잊혀지는 벗도 있고 내게 에너지를 불어넣는 벗도 있다. 에너지는 관계를 매료시키는 힘이다. 나는 후배에게 종종 전화를 건다. 무슨 일이 있어서가 아니라 그냥 2~3분 통화만 해도 힐링이 되는 후배이기 때문이다.

누군가와 대화를 할 때 에너지를 불어넣은 것은 기술이나 지식이 아니다. 후배가 학창 시절 포장마차를 차릴 때 내게 마차 이름을 지어달라 했는데 당시 나는 헤르만 헤세의 《데미안》을 읽고 내 성장통의 자아를 깨우치던 무렵이어서 다 읽은 《데미안》을 포장마차에 비치하도록 주었다.

그 후 나는 15년쯤 지나 《데미안》을 한 권 더 사서 읽어보았다.

《데미안》은 주인공인 싱클레어가 열 살 무렵일 때의 이야기로 시작한다. 싱클레어는 한 소도시에서 비교적 여유 있는 가정에서 태어나 유복한 가정의 자제들이 다닐 수 있는 라틴어 학교에 다니고 있었다.

그는 공립학교에 다니는 프란츠 크로머를 비롯해 다소 불량한 아이들과 어울리게 된다. 싱클레어는 그 아이들에게 세 보이고 싶은 마음에 자신이 과수원에서 사과를 훔쳤다고 허풍을 떤다. 크로머는 그것을 악용해 사실을 알리겠다며 싱클레어를 협박해 돈을 뜯어내기 시작한다.

그의 괴롭힘은 도를 넘어서 싱클레어의 누나를 데리고 오라는 지경까지 이르고 마는데 싱클레어는 자신이 가정이라는 밝은 세계를 떠나 크로머로 상징되는 어두운 세계에 발을 들인 것을 후회하며 괴로워한다.

그러던 어느 날 싱클레어의 학교에 데미안이라는 학생이 전학을 오는데 그는 싱클레어보다 나이가 몇 살 더 많은 한 학년 위 상급생이었다.

또래와는 달리 어른스러운 행동을 보이는 데미안은 학교에서도 눈에 띄는 학생이었는데 데미안은 어느 날 싱클레어에게 접근해 오고 그의 은밀한 도움으로 크로머는 더 이상 싱클레어를 괴롭히지도 접근하지도 못하게 된다.

싱클레어는 데미안과 점점 더 가까워지는데, 그는 싱클레어가 진실이라 믿었던 것들에 대해 의문을 던지며 다른 관점을 제시하기 시작한다. 예를 들면, 아벨을 죽인 카인에게 붙은 표식에 대한 것인데 카인의 표식은 사실 특별한 사람에게 평범한 사람들이 붙인 두려움의 상징일지도 모른다는 것이다.

싱클레어는 데미안에게 들은 이야기들을 아버지에게 전하는데 아버지는 그 이야기들이 과거부터 있었던 이단파들의 주장이라고 한다.

그 이후 싱클레어는 데미안과 거리를 두려고 하지만 두 사람은 같이 견진례를 받게 된 것을 계기로 다시 가까워진다.

그렇게 데미안과 가까이 지내던 어느 날, 싱클레어는 데미안이 멍한 상태로 자기 자신 속에 침잠하여 있는 모습을 목격하고 큰 충격을 받게 된다. 그는 데미안을 따라 하기 위해 노력하면서 자기 자신이 과거와는 크게 달라짐을 느낀다. 싱클레어는 방학이 되면서 다른 도시의 기숙학교로 전학을 가게 되는데 그는 데미안에 대한 그리움을 느끼면서 지낸다. 그 학교에서 싱클레어는 '알폰스 베트'라는 상급생을 만나는데 그의 꼬드김으로 인해 싱클레어는 방탕한 생활에 젖어들게 된다. 그러던 어느 날 그는 공원에서 한 소녀를 만나 한눈에 사랑에 빠지고 그녀의 이름을 '베아트리체'로 명명하고 동경하게 된다. 그 때문에 싱클레어는 다시 과거의 모범적인 삶으로 돌아온다. 싱클레어는 베아트리체의 얼굴을 그리는데, 그리고 나니 그 얼굴이 데미안의 얼굴과 닮았다는 것을 느끼고 그에 대한 그리움이 사무치게 된다.

사실 방탕한 삶을 살던 어느 날 싱클레어는 데미안을 만난 적이 있었다. 그로부터 책망을 받은 적이 있었던 것이다. 싱클레어는 알에서 깨어나는 새 그림을 그려 데미안에게 보낸다. 데미안은 답장으로 싱클레어에게 쪽지를 보내는데, "새는 알을 깨고 나오려 힘겹게 싸우고 신에게 날아간다. 그 신의 이름은 아브락사스"라는 내용이었다.

알고 보니 아브락사스는 선과 악이 공존하는 신의 이름이었다. 어느 날 싱클레어는 교외의 한 교회에서 오르간을 연주하던 '피스토리우스'라는 남자를 만나게 되고 그와 이야기를 나누면서 내면의 성장을 해나간다.

성장한 싱클레어에게 피스토리우스의 이야기는 어느 순간 고리타분한 것이 되어버리는데 어느 날 싱클레어는 피스토리우스의 이야기를 정면으로 반박하고 두 사람의 교분은 끝나고 만다.

시간이 흘러 싱클레어가 대학에 진학해 다니던 중 데미안과 재회하게 되는데 그는 데미안의 어머니 에바 부인을 만나게 된다. 그는 데미안의 집에서 에바 부인과 교분을 이어가며 이른바 '카인의 표식'을 가진 자들의 모임에 참여하게 된다. 그들은 내면의 자신을 발견하기 위해 노력하는 사람들이었다. 싱클레어의 행복했던 시절은 제1차 세계대전의 발발과 더불어 끝나버리게 되고 데미안과 싱클레어는 각기 전선으로 투입된다.

전장에서 부상당한 싱클레어는 후송된 곳에서 데미안을 최종적으로 목격하는 것으로 이 소설은 마무리된다.

또한 데미안이 싱클레어에게 소개한 '아브락사스'라는 신은 선한 속성과 악마적 속성 모두를 가지고 있는 존재라는 것이었고 이 존재를 소개하면서 데미안은 싱클레어에게 세상에는 두 가지 속성이 모두 있음을 인정하도록 만들었다.

독일에서 온 마차를 차렸던 후배도 나도 각자의 어린 시절이나 사회에 나온 후 30여 년 동안이나 각자 알을 깨야 하는 외로운 싸움을 할 수밖에 없었을 것이다. 그것을 성인이 된 후의 성장통이나 과정이라고도 하며 혹은 숙명이라고도 한다.

오래된 벗이나 혹은 자주 못 보는 가족이나 친지를 만날 때도 상대에게 에너지를 불어넣는 훈련을 해야겠다.

반도조선 아케이드

◇ ◇ ◇

3월 말에 군 복무를 마친 나는 복학 전까지 약 열 달이 남아 아르바이트 자리를 구했다. 서울 시청 근처 반도조선 아케이드의 매장별 매니저를 뽑는 광고를 보고 들어가게 되었다. 당시 독학 그리고 카투사 복무 시 익힌 영어 회화로 외국인 손님의 매장 통역을 담당하기로 하였다. 2주간의 오리엔테이션을 마치고 현장에 들어가려던 때 대형 아케이드가 부도 혹은 분쟁에 휘말려 오픈을 못 하여 일도 해보지 못하고 그만두었다. 대신 오리엔테이션에서 만난 동료들 넷이 아주 친한 친구들이 되어 자주 만나곤 하였다.

그 후로 오랜 세월을 연락이 두절 되었고 이십 년쯤 지난 어느 날 한 친구가 부산에 살던 내게 연락을 해왔다. 네 명 중 한 명은 연락이 아직도 안 되고 세 명은 거리상 자주 만나지는 못해도 가끔 연락을 주고받으며 추억을 되새긴다.

우리는 학연, 지연 등 끈끈한 인연의 모임에서 갈등이 생기고 패가 갈리고 심지어 싸움을 하고 모임이 깨지는 일들을 종종 본다. 우연히 만난 모임들보다 훨씬 심한 것 같다. 갈등은 같은 종교의 모임에서도 빈번하다고 한다.

　우정이 깨어지는 데는 여러 가지 이유가 있겠지만 아마도 그중 하나는 오래된 우정의 빛바랜 초상화와 지금의 관계를 자꾸 비교하려는 마음 때문일 것이다. 한때는 함께 웃고 울던 그 시절의 우정이 시간이 흐르며 다른 모습으로 변해갈 때 우리는 그 변화를 인정하지 못하고 과거의 시간에 갇혀 자신의 기대와 상대를 무겁게 억누르게 된다. 우정이 깨지는 원인에는 여러 가지가 있겠으나 오래전 우정과의 비교하는 마음 때문일 수도 있을 것이다. 때때로 나이가 들수록 자신을 비난하는 자화상이 생길 수도 있어서 우정에 금이 가기도 한다. 내가 생각할 때는 이런 갈등은 사람 수가 많은 모임이나 집단에서 더 빈번하다.

　내 아들의 좋은 친구는 나의 아들이기도 하다. 오늘이 마침 20년 만에 나를 찾아 연락 온 친구 아들이 결혼하는 날이다. 신부는 한국에서 영어를 가르치는 미국 여자라고 한다. 둘의 행복을 빈다.

불꽃 축제

◇ ◇ ◇

화려한 밤
밤하늘을 수놓는 불꽃은 말한다.

손잡은 연인에게도
노부부에게도
환한 미소의 가족들에게도

불꽃은 말한다
빛을 주면 어둠은 사라진다.

불꽃이 내리는 빛은 때로는 반사하는 거울이 된다.

밤하늘을 수놓는 불꽃은 말한다.
화해는 선물이라 말한다.

만족스런 삶

◇ ◇ ◇

자신이 어느 정도의 성공에 이르렀는지 모르고 포기하기 때문에 실패하는 것이며 동시에 자신이 성공했어도 만족하지 못하기 때문에 실패하는 경우도 많다.

만족스런 삶이란 자신의 성공에 대한 가치관에 따라 다르다. 큰 저택을 가진 부자나 아니면 산에 움막을 짓고 사는 자연인이나 각자의 환경과 파라미터에 따라 삶에 대한 만족감은 제각각이다.

나는 우리나라가 연간 7~8%대의 높은 경제성장률을 보이며 급성장할 때 사회에 발을 디뎠다. 성장하는 기업들도 많았고 과욕으로 침몰하는 회사들도 많았다.

절대적이지는 않지만 대부분 중점 사업(Core Business)에 집중하여 에너지를 불어넣은 회사, 자영업, 개인사업자들이 성공하였다. 반면에 현 위치에 만족하지 못하거나 혹은 Core Business의 한계를 내부에서 찾지 못하고 전문적이지 않은 다른 사업에 대한 투자 실패로 참사를 당한 경우도 많이 보았다. 내가 사회에 첫발을 디뎠을 때 회사는 국내 재계 서열 5위였으나 자동차광이었던 젊은 회장의 의욕이 과잉 투자로 이어져 그룹이 산산조각이 났다. 예전에는 일 년에 한 번 납세 순위가 신문기사로 게재되었다. 그는 늘 상단 몇 손가락 안에 이름을 올렸으나 휠체어에 의지한 쓸쓸한 삶을 이어가다 지지난해 세상을 떠났다. 그는 Core Business 발전 혹은 그와 연관된 사업의 창의력 대신 리조트 사업에 이어 자동차 사업으로 실패하였다.

우리나라는 IMF 위기가 닥쳤을 때 이미 재벌의 리스크를 보았다. 그때가 1997년이다. 그 후 중국과 인도 등의 급부상으로 세계는 거의 모든 사업 분야에서 공급 과잉 현상이 일어났다. 국내 자영업의 위기도 마찬가지로 공급 과잉이다. Core Business의 중요성이 더욱 강조된다.

늦은 봄 캠퍼스 후문 가게 앞

◇ ◇ ◇

1983년 6월 우리나라 축구가 처음으로 세계 4강 신화를 썼다. 멕시코 청소년 축구대회에서 8강에 올라 신연호의 두 골에 힘입어 우루과이를 2 대 1로 이기고 독일과 겨루는 4강에 올라간 것이다.

8강 우루과이전은 평일 오전에 열렸고 그날은 축구 열기로 수업도 모두 휴강이어서 오후 일찍 후문 앞 작은 슈퍼 가게 탁자에서 친한 친구와 한잔하였다.

가게에는 신문 가판대도 있었는데 그날 8강이 있기 전 기사인데도 1면부터 축구 기사가 토픽이었다. 한참 축구 이야기를 하다 우리는 철학에 대한 이야기를 나누었다. 친구는 전공도 아닌 철학에 무척 관심이 많아 학점과 상관없는 철학과 수업에 자주 들어가곤 하였다. 아마도 과학, 수학, 논리학 등 학문 전반에 대해 섭렵하고 자신의 철학을 정립시킨 아리스토텔레스부터 플라톤 이야기까지 제법 긴 취중에 나눈 대화라 더 진지하였다.

친구는 머나먼 남해가 고향이라 누나 집에서 학교를 다녔고 부친이 남해에서 교장 선생님을 하셔서인지 늘 철학의 내면적 중요성과 참교육이 국가의 미래라고 말하곤 하였다.

졸업 후 친구는 공무원 시험 준비를 위해서 남해로 내려가고 나는 서울의 직장에 취직하였다. 그러던 중 나는 십이지장 천공으로 서대문의 병원에 입원하고 있었는데 친구에게서 소포가 왔다. 소포 안에는 건강다이제스트라는 잡지에서 오린 기사들이 가지런히 스크랩되어 있었고 손 글씨의 편지도 몇 장 있었다. 아쉽게도 그 편지를 간직하고 있지는 않지만 그때 편지에 친구가 쓴 내용 중 다음 글귀는 인생을 살아오며 각인되어 왔다.

"많은 벗을 가진 사람은 한 사람의 진실한 벗을 가질 수 없다."
- 아리스토텔레스

우리는 살아가면서 행복하지 않을 때 불행은 진정한 친구가 아닌 자를 가려주는 경험을 하게 된다. 서로의 핸디캡을 마음으로 헤아릴 줄 아는 친구가 전정한 친구다.

인디언들은 진정한 친구에 대해 "친구란 자신의 슬픔을 자신의 등에 짊어지고 가는 사람이며 친구란 내 기쁨을 두 배로 내 슬픔을 반으로 줄여주는 마술사"라고 정의하였다.

그 후 내가 부산으로 내려오고 친구도 부산에서 직장을 다니고 있어서 우리는 자주 만나고 소통하며 거의 매일 연락을 주고받는다.

오늘은 다음 주 미국 대선에서 해리스가 이길지 트럼프가 이길지에 대한 이야기를 주고받았다. 그는 국제정세에도 해박한 지식과 주관을 지니고 있다. 그러나 그와 대화하면 편해지는 이유는 그는 자신의 지식과 주관에 대해 늘 겸손하며 상대를 존중하기 때문이다.

〈대부〉와 말론 브란도

◇ ◇ ◇

　이탈리안 마피아 가문 코르레온의 이야기를 담은 영화 〈대부〉에서 가문의 두목인 비토 코르레온 역을 맡은 말론 브란도.

　영화의 많은 대사 중 말론 브란도는 말의 기술이나 양을 줄이고 표정으로 말한다. 그는 영화 내내 상대의 말을 가로채지 않고 경청한다. 하지만 자신의 말은 늘 단답형이다. 이는 그가 가진 〈대부〉에서의 연기력이며 파워이다. 보스 기질도 혹은 고양이를 안은 다정다감한 모습도 절제된 스피치를 기반으로 한다.

　말론 브란도는 20세기 미국 영화계에서 '반항의 아이콘'으로 유명하다. 그는 자신의 자서전에서 "나는 권위에 도전해 성공하는 것에 커다란 만족감을 느꼈다. 나는 정서적으로 안정되어 있지 않았다."고 밝혔을 정도로 자신의 반항아적인 성향을 솔직히 털어놓았다. 1924년 4월 3일 미국의 중서부 네브래스카주 오마하에서 태어난 말론 브란도는 유년 시절을 가족과 자식들에게 책임감 없는 아버지와 함께 보냈다. 많은 이들은 이러한 가정사가 그가 반항적인 성향을 갖게 된 원인이라고 꼽고 있다. 아버지에 대한 원망과 반항심은 그의 자서전에서도 종종 언급된다. 말론 브란도의 이러한 성향은 훗날 미국 영화계에 많은 영향을 끼쳤다.

우리는 대화를 할 때 상대의 말을 가로채거나 상대의 말에 토를 달기 바쁘고 자신만의 주장을 장황하게 펼치는 경우를 자주 본다. 특히 모범을 보여야 할 국회 국정감사장의 뉴스를 보면 누구 할 것 없이 상대의 말 가로채기와 토 달기 시합인 것 같다. 언어는 행동의 양식이다.

경청은 상대방을 변화시킬 수 있는 힘이다.

니혼 바시

◇ ◇ ◇

1980년대 후반 도쿄 긴자의 밤은 그야말로 네온사인이 비처럼 쏟아지는 불야성이었다. 거리는 활력이 있었고 가는 곳마다 붐볐으며 식당들은 퇴근 후 직장인들의 술 손님들로 북적대고 있었다.

나는 그 무렵 일 년에 3번 정도 도쿄에 출장을 갔는데 어느 날 독일 기업의 일본 법인에서 미팅 겸 티타임을 가졌다. 독일 기업 랭킹서도 손가락 안에 드는 훽스트의 일본 법인 독일인 사장은 전년도 세계에서 가장 많은 돈을 번 사업장이 훽스트 일본 법인인데 동경 법인 건물 부동산 가격 급상승 덕이라며 기뻐했다. 일본인 참모들도 박수를 치는 화기애애한 분위기 그 자체였다. 당연히 디너 접대도 근사한 식당이었고 식사와 반주 후 옮겨간 무대식 가라오케도 빈자리가 없을 정도였다.

▸ 일본 거품 경제: 일어로는 バブル景気 영어로는 Japanese asset price bubble이라고 했고 대략 1986부터 1991년 사이에 일어난 거품 경제 시기를 뜻한다. 부동산과 주식 등 자산가격이 폭등하며 공급이 늘어나고 신용 팽창을 겪게 되었다.

그러나 거품 경제 붕괴 후 1,500조 엔이나 되는 자산(당시 한화 약 1경 6,500조 원)이 공중으로 날아가 버렸고 일본은 잃어버린 10년, 20년, 30년의 극심한 장기침체를 겪었다.

무역 일을 하다 보면 각국의 사람들을 만나는데, 미국이건 일본이건 중국이건 유럽이건 국가와 상관없이 인성이 좋은 사람들 그렇지 않은 사람들이 나라마다 다 있다.

하루는 Mr. 곤도, Mr. 사또와 한잔하였다. 사또는 일본 관련 회사의 한국 주재원으로 도쿄 출장 시 같이 왔다. 사또는 우리 한국인들이 싫어하는 일본인의 전형이었다.

사또는 말했다. 한국과 일본의 격차는 지금 3배라고 해가 갈수록 5배, 10배로 늘어날 것이라고. '배' 앞의 숫자가 무슨 의미인 줄 몰랐다. 그는 늘 한국을 폄하하고 충고하는 식의 말투였으며 업무 능력은 한참 떨어지는 농땡이였다. 일본 회사 동료들에게서도 평판이 좋지 않았다. 늘 일본은 개인보다 회사가 강하다고 자랑하였다.

한잔하고 나니 그는 택시를 타고 도쿄 시내의 한 지하 퇴폐업소 앞으로 안내하였다. 나는 거절하고 그 업소 근처 커피숍에서 혼자 기다렸다. 그도 물론 당황스러웠을 것이다. 일본은 성 문화가 한국보다 개방적이라고 한다. 바람직하지 않은 개방적 문화이다.

내가 퇴폐업소를 거부하는 이유는 도덕적인 삶이 인간의 말초 신경이나 탐욕보다 중요하다고 생각하기 때문이다. 내가 어릴 때의 기억 때문이다. 바람기 있으신 아버지 때문에 어머니가 그래서 힘들어하셨다.

아버지는 세브란스 대학과 합병하기 전 연세대학교 전신인 연희대학교 상과를 수석으로 졸업한 수재셨다. 졸업 후 관료의 길로 들어가 길전식 씨와 쌍두마차를 이루는 젊은 엘리트 관료였다. 부모님들의 사진첩 속 경복궁에서 코트를 입고 길게 늘어진 매트 위에서 골프 퍼팅을 하시는 사진이 있는데 그 시절에도 골프가 있기는 있었나 보다.

아버지는 관료의 길을 접고 사업으로 뛰어들어 제지회사를 경영하며 성공을 거두셨다. 어린 시절의 기억이 방이 7개나 있고 출입문이 2개, 뒤뜰도 있는 저택 같은 집이었다.

어머니는 나와 거실에 앉으셔 손편지를 몇 장 쓰셨다. 아버지의 첩이 며칠 후 집으로 오면 주려는 편지였다. 나는 어머니에게 편지를 받아 집을 나섰다. 초겨울 이른 저녁 시간이었다. 그 시간이면 두부와 비지 장수가 수레를 끌고 종을 치며 동네를 다녔다. 그날도 두부 장수와 마주치고 몇 걸음 더 가서 그녀를 만났다. 고급으로 보이는 코트를 입은 엄마보다 젊어 보이는 키가 좀 큰 여자였다. "어머니가 집으

로 들어오지 말라 하시며 편지만 드리라고 합니다" 하고 난 다시 집을 향했다

아버지는 마포에 당시로는 최초로 대형 아파트를 짓는 건설 사업에 뛰어들었다. 시공 도중 홍수가 났고 쌓아둔 건축 자재들이 휩쓸려가 아버지의 도전은 부도를 맞게 되었다.

아파트 건설 부도가 난 후 얼마나 지났는지 학교를 마치고 집에 오니 은행서 차압을 당하여 세간살이들이 집 밖으로 나와있었고 집에서 쫓겨나게 되었다. 알거지가 된 우리는 셋방을 얻어 나가야 했다. 주인집은 아주머니 혼자셨는데 매일 낮에는 아저씨 아주머니들이 모여들어 화투치기 놀음을 하였고 큰 마루에서 춤을 추곤 하였다. 당시 대문 앞에 간첩이 뿌리고 간 삐라를 보았던 기억도 난다. 거기서 얼마나 살았는지 모르지만 어머니는 그 사람들과 한 번도 어울리지 않았다. 사업이 번성할 때 바람기가 있으셨던 아버지였어도 어머니는 한 치의 흔들림도 없으셨다.

그 후 아버지가 기계 관련 사업을 하셔 사업가로 다시 재기하시기까지 수년이 걸렸으나 제지 공장을 하실 때만큼은 미치지 못했다. 우리 집이 다시 일어나는 데는 어머니의 역할이 컸다. 그렇게 앞뜰이 있고 두 채로 되어있는 집을 장만하기까지 오랜 세월이 흘렀다.

그 무렵 내가 아버지에게 배운 것은 이웃에 솔선수범하시는 봉사의 모습이었다. 매일 새벽 일어나 우리 집과 이웃집들 앞뒤 길을 빗자루와 쓰레받기를 들고 청소를 하였다. 그래서 몇 년 전 아버지의 바람기 있었던 모습이 희석되었다. 아버지는 연말이면 늘 나를 불러 마루에 앉아 그 해 쓰시던 수첩의 지인들 전화번호를 이듬해 새 수첩에 옮겨 적으셨고 나는 그런 아버지를 도와드렸다.

아버지의 대형 아파트 건설 사업이 홍수로 망하고 그 후 재기하시기 전 나는 중학교에 들어갔고 집안 형편상 당시 석간이던 경향신문 배달을 하였다. 서울여자고등학교와 동도공업고등학교 뒷동네가 내 구역이었다. 당시 김재광이라는 국회의원 후보가 동도공고 앞에서 유세를 했는데 김대중 씨가 지원 유세를 와 도로가 인산인해인 장면이 아직도 생생하다. 약 100부 정도를 매일 배달한 것 같은데 보급소에서 총무가 운 좋게 한 부를 더 실수로 넣어주면 귀갓길에 포장마차 호떡 가게에서 호떡과 바꾸어 먹었다. 내가 물물 교환을 처음 경험한 때였다. 그런데 보급소 자금 사정이 안 좋았는지 월급이 두 달 밀려 나는 어머니 손을 잡고 보급소에 갔던 기억이 난다. 그러다 나는 경향신문보다 큰 조간 조선일보로 배달 일을 바꾸게 된다.

소위 중소기업서 대기업으로 갈아탔고 새벽에 일어나는 것이 힘들었지만 월급도 올랐다. 내가 맡은 구역이 하필 아버지가 짓다 망한 마포아파트였다. 노승환 씨가 국회의원 선거에 당선된 다음 날 배달

신문을 품에 끼고 달리던 어느 이른 새벽 마포는 정전으로 칠흑이었다. 전날 개표 작업으로 전기를 많이 써 부하가 걸렸기 때문이었다.

조간 신문 배달은 새벽일이고 매달 말 무렵에는 오후 시간에 수금을 다녔다. 아직도 기억나는 날이 있다. 수금을 위해 초인종을 누르니 어느 30대 초반쯤으로 보였던 예쁘고 귀티 나는 아주머니가 샤워를 하고 나오셨는지 큰 타월을 몸에 두른 채 문을 열어주시며 웃는 얼굴로 물 한잔 마시고 가라고 들어오라고 하셨다. 나는 당황하여 그냥 뒷걸음치며 되돌아갔다. 아주머니 입장에선 호의였겠지만 온몸에 타월만 걸치고 계셔서 내가 도망치듯 돌아섰던 것 같다.

집에 돌아오니 어머니는 부엌에서 저녁밥을 짓기 위해 양철로 만들어진 커다란 통에 쌀을 씻고 계셨다. 혹시나 자식들 먹을 밥에 돌이 들어가 있을까 정성스레 물로 쌀을 헹구어 내시던 어머니. 방에서 기다리던 나는 어머니가 들어오시자 오늘 수금하러 갔을 때의 이야기를 하니 어머니는 칭찬해 주셨다. 나는 어머니가 재어놓으신 김에 기름을 바르고 소금을 뿌리고 연탄불에 구워 가위로 잘라 스무 장 정도를 이쑤시개로 고정해 어머니를 도왔다.

어느 날 내가 담당하는 지역이 바뀌어 총무가 지도차 하루 배달을 도와주었다. 자전거를 타고 온 그는 자신이 보성고등학교 출신이라며 나에게 배달 일로 돈을 모아 자전거를 사라고 했다. 스무 살 조금

넘었을 그 총무는 얼마 후 내 월급을 가로채 잠적하였고 나는 태어나 처음으로 돈을 떼였다. 경향신문 보급소는 돈이 없어 안 준 것이고 이번은 일종의 사기 도주였다. 그래서 수십 년이 지난 지금도 총무의 얼굴 모습이 생각난다. 그분은 어디서 무얼 하고 계실까?

나는 도쿄의 커피숍에서 Mr. 사또를 기다리다 말고 나와서 택시를 타고 숙소로 돌아왔다. 한국으로 돌아온 몇 해 후 사또는 무슨 연유인지 모르겠으나 일본 본사에서 연락이 와 정말 가기 싫은 후진국 오지로 발령을 받았다며 풀이 죽어있었다. 오지에 가기 싫어 도쿄 인근 위성도시에 있는 아파트 가격이 두 배로 뛰어 매도하고 집 근처에서 커피숍을 해볼지도 모른다고 하면서 작별 인사를 했다.

일본 부동산 시장의 상승은 플라자합의 여파로 일본 경기가 침체된 후 일본 정부의 경기 부양 정책에 기인한 저금리 정책으로 인하여 일본 국민들과 기업들이 초저금리를 이용 과도한 주식, 부동산 투자가 시작되어 비롯되었으며 그리하여 폭발적인 부동산 과열, 주식 과열로 버블이 생겨나게 된 것이다.

수출 한국

◊ ◊ ◊

한국 경제가 전쟁 후 최빈국 수준에서 눈부신 도약을 이루어 내기까지 수출 동력은 일등공신이었다. 가발 수출을 시작으로 경공업 제품들이 세계를 지배하기 시작했다. 여기에는 값싼 인건비가 중요한 경쟁력인 것이 사실이었으나 무엇보다도 국민들의 근면성이 만들어 낸 결과였다. 부산에서 생산되는 신발이 전 세계 수요의 80% 정도에 이르기까지 한 것이 좋은 예이다. 당시 대만이 약 10% 정도였다. 이어진 중화학, 철강의 산업화에 성공하였고 기술 혁신으로 이어지며 자동차, 전자, 반도체, 바이오 분야에 이르기까지 한강의 기적을 만들어 냈다. 아울러 K-팝, 영화, 음식 등 한국 문화의 글로벌 시장에서의 성공은 우리의 위상을 격상시켰다.

30년 전쯤 해외에 나가면 공항 앞에 한국 기업들의 대형 간판이 한눈에 들어왔다. 어떤 사람들은 엄청난 광고비 낭비라고 하였고 전자회사 광고의 경우 삼성과 금성(골드스타, 현 LG)이 나란히 있는 경우가 많아 집안싸움이라고 비난하는 사람들도 많았다. 하지만 치열한 경쟁을 통해 발전하고 혁신하는 것이 중요하다. 독일이 자동차 강국이 된 것은 기계 산업 등의 혁신도 있지만 자국 내 자동차 3

사들의 경쟁에서 비롯된 것이다. 독일의 화학 산업도 그렇다. BASF, HOECHST, BAYER 등 대형 3사가 치열한 경쟁으로 독일을 세계적 화학 강국으로 이끌었다. 휴대폰의 선두주자 핀란드 노키아가 침몰한 것과 비교된다.

제조업에서 수출 책임을 맡고 있을 때였다. 대형 신규 오더를 손에 쥔 독일 대형 화학 회사 임원 3명이 김해공항에 도착하기로 되어 있어 영접을 나갔는데 예기치 못한 일이 벌어졌다. 공항에 와있던 그 회사의 서울 법인 임원과 울산에 있던 경쟁 제조사 사장이 기다리다 바이어들을 태우고 사라진 것이다. 그 서울 법인 임원과 경쟁사 사장은 같은 대학 화학과 선후배 사이였다.

나는 전쟁터에 나가는 비장한 각오로 회의 자료를 만들었다. 커다란 팜플렛의 30여 장을 가득 채웠다. 그리고는 열흘 후 프랑크푸르트행 비행기를 탔다. 회의는 2시간 넘게 이어졌으나 이미 경쟁사로의 오더 플랜이 디비전 톱에게 보고되어 힘들다고 하였다. 나는 톱과의 미팅을 호소하였고 다음 날 톱과 그 회사 임원, 간부와의 4인 회의가 이루어졌다. 톱은 독일 남부 출신으로 보이는 약간 거무스레한 피부의 백인으로 흡사 전쟁터 사령관과 같은 인상으로 상대를 압도하는 모습이었다. 승부수를 두었다. 당시 대형 오더의 품목 외에 향후 유도체 몇 제품을 반드시 개발하겠다는 포부를 밝히며 주도권을 쥐어나갔다.

그는 내게 신제품을 어떻게 개발할 것이냐고 물어보았고 나는 이렇게 대답하였다.

"한국은 1960년대부터 독일인들이 꺼리던 간호사와 광부 직 등에 1만8천 명을 독일로 파견하였다. 그때 벌어들인 외화로 우리는 인류의 건강을 위한 바이오 강국을 향해 가고 있으며 석탄을 대체하는 차세대 에너지도 개발하고 있다. 다른 사람들이 할 수 있거나 할 일을 하지 말고, 다른 이들이 할 수 없고 하지 않을 일들을 하는 것이 개발이다."

결국 톱은 오더 수량을 경쟁사가 아닌 우리 회사에 주는 것을 적극 검토하라고 지시하였다.

귀국하고 일주일쯤 지나 우리에게 오더가 오고 이 제품을 발판 삼아 신제품 협력 및 개발이 이어지면서 회사는 급성장하게 되었다.

몇 년 후 그 회사의 구매 계획 착오로 2 컨테이너 물량을 항공으로 하루라도 빨리 선적해야 한다는 연락이 왔다. 물론 물품비보다 비싼 엄청난 항공운임도 자기들이 막대한 손해를 감수하고 지불해야 할 지경이라고 했다. 추석 연휴 하루 전이었다. 그때 추석 연휴를 반납하고 함께 땀 흘린 생산부 직원들 덕에 항공 선적은 이루어졌으며 이는 고객을 감동시켰다. 그들이 두 달 후 부산에 날라와 독일에서는 국경일 휴무 반납은 상상도 할 수 없음을 이야기하며 감사의 마음을 전했다.

지금은 그 회사에 몸담고 있지 않지만 당시 개발된 품목 중 하나는 아직도 그 회사의 수익성 특급 효자 품목이다.

학회장 선거

◇ ◇ ◇

어제 처, 아들 그리고 아들의 친구와 밖에서 저녁 식사를 하고 귀가하였다. 홍도라는 대학 동창에게 전화를 걸었다. 수필집의 소재를 찾기가 쉽지 않다고 말하였다. 사실 수필집이라기에 형편없는 이 책 한 권을 써보려고 마음먹은 것도 얼마 전 홍도의 이야기를 듣고 시작한 것이다. 그는 수년간 보내준 교육의 중요성에 대한 문자 내용을 모아 출간을 한다는 것이었다. 내가 이 책을 쓰게 된 동기인 셈이다.

학창 시절 홍도는 하숙집 딸과 결혼해 이미 딸아이도 있었다. 당연히 학비에 생활비에 힘든 가정생활을 꾸리며 학교에 다니고 있었다.

홍도는 학회장 선거에 학과 대표로 출마한다며 도움을 청해왔다. 상대 서영이는 이미 학년 간사를 맡고 있어서 선거는 하나마나 지는 경기였다. 간사를 맡은 서영이는 좋은 인격에 이미 강한 조직력을 가지고 있었다.

홍도는 선비 같은 전형적인 모범생이었으며 워낙 조용해 선거와 같은 치열한 싸움에서 강력함이 없어 보였다. 당시만 해도 선거를 치르려면 아무리 학회장 선거라도 자금이 필요했는데 둘만의 능력으로 터무니없었다.

당시 학회장이 되면 일단 해당 학년 등록금이 면제되고 더 주요한 것은 졸업 후 좋은 직장을 학교에서 특채로 알선해 주었다.

그의 집에서 우리 둘은 출정식을 가졌다. 선거는 15일 후에 치러진다.

다음 날 나는 참모들을 찾기 위해 동분서주하고 2학년 남학생 한 명과 3학년 여학생 한 명에게 제안차 학교 앞 막걸릿집으로 갔다. 그 중 여학생 현숙이 한 명만 도움을 준다고 하여 홍도, 혜숙 그리고 나는 투합하였다. 현숙은 늦게 입학하여 늘 여학생들에게 언니 소리를 들었다. 여론은 홍도가 도저히 이길 수 없는 선거라고들 했다.

당시 휴대폰도 없었고 선거운동은 그야말로 발로 뛰는 것이 전부였다. 상대 후보의 참모 중 한 명이 교수님의 총애를 받고 있어서 혹시나 우리에게 불리할까 하는 마음에 밤중에 그 교수님을 찾아가니 마침 상대의 참모가 그 집에 있었고 선약도 없이 찾아간 우리는 교수님께 호된 훈계를 받은 적도 있다.

나는 다음 날 홍도와 현숙에게 선거 전략에 대한 의견을 제안하였다. 누가 되든 관심 없는 학우들을 추리자 했다. 그들을 방관자나 혹은 관찰자가 아닌 참여자로 만들자 했다. 당장 1학년부터 4학년 중 여섯 명을 만나 무조건 참모 칭호를 종이에 적어 사인하고 주었다. 그리고 그 학우들에게 막걸릿집에서 이야기하였다. 그들이 선거나 혹은 정치에 무관심하다 하여 그들이 정치에서 완전히 자유로울 수 있는 것은 아니라고 했다. 참여 민주주의를 부탁하였다. 그들은 그날부터 무관심한 학우들을 만나서 우리가 선거에서 이기는 원동력이 되었다.

선거는 강한 자도 약한 자도 공평하게 한 표씩을 부여받는다.

홍도의 리더십은 포용과 경청에 있었다. 그는 참모들을 믿었고 의견에 귀를 기울였다. 선거에서 홍도가 승리한 제일 큰 이유다.

선거에서 이긴 다음 날 홍도와 나는 서영이와 그의 참모장 선홍을 찾아가 막걸리를 대접하였다.

몇 년이 지나 기자로 일하던 서영이를 한번 만나 소주를 마셨다. 그가 말했다.

"친구여, 내가 살아오며 가장 뜨거웠던 순간은 그때 선거에서 졌을 때이며 그 후 나는 자만심을 버리고 살고 있고 내 자식들에게도 그렇게 가르치며 살아오고 있네."

가슴이 조금 뛰었다. 서영이와 헤어지고 지하철을 타고 집에 오며 나 스스로도 겸손하게 살기로 마음먹고 내 자식들에게도 그렇게 가르치기로 마음먹었다. 그 후 서영이와는 연락이 끊겼다. 그때만 해도 둘 다 너무 바쁘게 살아야 할 나이였기 때문이다.

명품 쇼핑

◇ ◇ ◇

파리 시내 중심가에 샤틀레 레 알(Chatelet les Halles)이 있다.

서울의 회사를 그만두고 그 회사 제품을 수출하던 부산의 제조업체로 직장을 옮겨 무역 부서장을 하고 있을 때 회장 아들은 개업의 의사를 그만두고 후계 수업을 위해 실장으로 입사하였다. 회장은 나보다 서너 살 아래인 아들과 가깝게 지내길 바랐고 몇 번의 해외 출장 시 동행하게 하였다.

실장은 명품 쇼핑광이었다. 의사만 해서 영어를 못하는 이유도 있었겠지만 수출 상담 시에 늘 앉아만 있었다. 하지만 상담을 마친 둘만의 여유 시간에는 멋진 팝 레스토랑에서의 식사와 쇼핑에 관심이 많았다.

그는 천성이 선하고 배려심도 많은 신사였다. 같이 다녀도 싫지가 않았다. 그러나 폭우가 쏟아지는 낯선 길 샤틀레 레 알에서 그가 사고 싶어하는 명품 가게를 찾는 것은 여간 힘든 일이 아니었다. 그러나 드디어 가게를 찾고 찾건 물건을 찾았을 때 그의 환한 미소는 천진스런 아이와 같이 빗물투성이가 된 옷에 아랑곳없이 내 마음도 밝아졌다.

프랑스를 떠나 독일로 가서도 그는 또 하나 생각해 둔 명품을 찾아야만 했다. 귀국 후 한 달쯤 지나 쇼핑을 한 실장은 물론 동행만 한 나도 세관인가 어디서 연락이 와 둘 다 해명을 해야 했고 아마도 과세가 뒤따른 것으로 기억이 난다.

실장은 부업으로 대형 카페에 투자도 한 것 같고 밤의 황태자처럼 보였다. 그러다 여자관계에 얽혀 거액을 사기당하고 결국 회장은 아들을 퇴사시켰다. 훗날 이혼도 하였다.

어느 날 실장과 부산에서 단둘이 식사를 하였다. 그리고 그의 잘못된 경영 수업에 대해 조언하였다. 그는 선한 사람이다. 마흔이 안 된 나이에 눈가를 약간 적시며 그는 말했다. 회장인 부친은 자기가 어릴 때부터 집에 거의 안 들어오고 늘 여기저기 다른 살림을 차려 아버지를 증오한다고 했다. 앞뒤 안 가리며 대놓고 바람을 피운 회장이 문제였다. 회장은 가정까지 버려가며 아예 딴살림을 차렸던 것이다. 사업으로 성공한 회장이었지만 아름다운 가정의 리더는 아니었다.

행복한 가정은 모두 비슷한 이유로 행복하다. 그러나 모든 불행한 가정은 저마다의 이유로 불행한 것이다.

부친인 회장과도 해외 출장을 여러 번 갔다. 회장은 카리스마가 대단한 분이셨다. 아들을 걱정하며 "저놈 내가 어릴 때부터 잡아가며 키웠어야 하는데 어머니가 잘못 키웠다"고 자기 부인 탓을 했다. 회장은 유럽 장기 출장 시는 젊은 애인과 동행하기도 했다. 바이어 들에게도 민망하였다. 그전에는 회장과 둘이서 유럽 출장 중 저녁 시간 시내를 산책하다가 회장의 권유로 브뤼셀의 바에 들어갔다. 화장기 짙은 한 아가씨가 술을 서빙하고 허락도 없이 동석해 자기도 샴페인을 시켜 마셨다. 술을 몇 잔 마시고 나와 계산하려니 온 팔에 문신을 한 건장하고 험악하게 생긴 남자 둘이 계산대에 오더니 술값을 계산하라고 했다. 한화로 환산하면 150만 원 정도였다. 안주도 없이 샴페인 서너 잔을 마신 청구서였다. 그때만 해도 신용카드가 거의 없었고 대신 현찰이 대세였던 시절이었다.

나는 그때 회장을 몇 걸음 물러서게 하고 그들에게 달러도 없고 벨기에 프랑도 몇 푼 없다며 지갑에 있던 우리나라 돈 1만 원짜리 세 장을 꺼내주며 거액이니 받으라 했다. 동그라미가 네 개나 있는 1만 원짜리 지폐를 보고 그들은 눈이 휘둥그레지며 흡족한 모습이었고 우리는 다행히 아무 탈 없이 술집을 나올 수 있었다.

회사를 떠나 무역회사를 차리고 20년 가까이 되어 그 회사의 동료였던 사람한테서 전화가 왔다. 실장은 부친의 회사를 떠나 다시 병원 개업을 했는데 다른 데에 명의를 빌려준 게 크게 터져서 청도 감옥소에서 옥고를 치르고 있다는 것이었다. 보증이나 명의 대여는 형제간에도 해서는 안 된다고 한다.

그 회사를 창업하신 회장이 돌아가신 지 벌써 18년쯤 되었을 것이다. 실장이 출소하면 꼭 성공하기를 진심으로 빈다.

행복한 가정은 단지 부유하다고 되는 것이 아니다. 부는 살기에 편안할 뿐인지도 모른다. 꿈 있는 가정을 만들면 가능성이 보인다. 가정은 신이 내리신 선물이며 아름답게 꾸며야 한다. 서로의 핸디캡을 가슴으로 이해하고 품어주어야 한다.

리틀 리버 밴드

◇ ◇ ◇

　나는 군대를 마치고 복학하기 전 팝송 잡지사 편집부에서 약 10개월간 빌보드지 등의 번역 아르바이트를 했다. 잡지사 사장은 팝송이나 음악보다는 늘 잡지사의 판매 부수에만 관심이 있어서 당시 우리나라 팝 전문가로는 최고였던 편집장과 늘 마찰이 있었다.

　결혼 적령기를 넘긴 편집장의 집에 초대를 받아 가본 기억이 난다. 1층 거실이나 2층 방들이 수 만장의 팝송 LP판으로 도배되다시피 했다. 월급의 3분의 1을 LP판 수집에 몰두하고 술, 담배는 물론 멀리하고 친구들도 거의 없는 것 같았으며 오로지 팝송에 묻혀 사는 분이었고 외골수적인 성격이었다.

　호주 출신 락 밴드가 서울 공연을 온 것은 1981년이다. 당시 리틀 리버 밴드의 세종문화회관 공연이 있었다. 나는 전날 그들의 숙소인 신라호텔로 인터뷰를 갔다. 사장은 사진을 가능한 한 많이 찍어오라고 했다. 지난달 발간된 잡지를 밴드 멤버들이 손에 들고 환호하는 사진도 찍어 오라고 했다. 편집장은 이런 사장의 취향에 불만이 있었고, 사장은 대중성을 도외시하고 전문성만 중시하는 편집장이 불만이었다. 그러다 영업이익상의 심각한 문제로 잡지 가격을 올리자는 사장과 충돌한 것을 보았다. 그것이 이유였는지는 모르나 그는 사표를 내고 그 후 방송사 DJ로 직장을 옮겼다.

얼마 전 유명 영화배우가 영화관람료를 올리려는 영화계에 "지금 극장 값이 많이 올랐다. 좀 내리시라. 물들어 올 때 노 젓는다고 그렇게 확 올리면 나라도 안 간다"라며 쓴소리를 하고 강하게 비판했다.

CJ CGV, 롯데시네마, 메가박스 대형 극장 3사는 코로나19가 확산하기 전인 2019년 주말 기준 최대 1만2000원이었던 영화표 값을 2020~2022년 세 차례에 걸쳐 최대 1만5000원까지 인상했다. 3사의 국내 극장 시장 점유율은 97%에 이른다.

이에 대해 어느 대학교수가 배우의 말에 "가격을 내려서 관객이 더 많이 오고 이익이 는다면 기업은 내리지 말래도 내린다. 코로나19 팬데믹 중 극장 기업은 부도 위기에 직면했는데 배우는 출연료를 기부라도 한 적 있나. 극장 사업이 땅 파서 하는 자선 사업인 줄 아느냐. 시장 가격을 소비자가 원하는 대로 할 수 있다면 세상에는 사업도, 경제도 존재하지 않는다. 그렇게 되면 배우라는 직업도 없을 것이다"라며 반박했다.

이어 "극장은 티켓을 팔아 돈을 벌지 않는다. 값싼 티켓으로 관객을 유인해 팝콘과 음료를 팔아 돈을 번다. 대출금리가 올라 임대료가 올랐다. 최저임금이 올라 극장 청소부의 인건비도 올랐다. 영화 판권도 있다. 당신들이 혜택받는 영화진흥기금이라는 준조세까지 포함해 (티켓 가격을) 1만5000원 이하로 책정해 사업할 수 있으면 직접 극장을 세워 싸게 운영하라. 세상에서 가장 값싼 소리는 남의 돈으로 인심 쓰겠다는 것"이라고 지적했다.

유명 영화배우의 말에 동감하는 사람도 있고 이를 반박한 교수의 말에 동감하는 사람도 있을 것이다.

편집장은 오랫동안 방송국 DJ로 한국 대중음악에 큰 업적을 남겼다. 가수 신해철도 그의 영향을 받아 음악을 시작했을 정도였다고 한다. 잡지사 사장은 그가 회사를 박차고 나간 후 긴 세월 동안 방송인으로 그리고 대중음악 전문가가 될 수 있도록 단초를 제공한 사람이다.

나는 복학 전 잠시 일하던 그 잡지사 사장과 편집장의 배려로 복학 후에도 아르바이트로 번역일을 하였고 이를 계기로 재학 중 일 년 동안은 FM 라디오 방송국에 주 1회 출연할 수 있었다. 두 분께 감사드린다. 훗날 잡지사도 문을 닫았다. 수익성 문제였을 것이다

일반적으로 보수는 자유, 진보는 평등을 지향한다고 한다. 보수와

진보는 공존해야 하며 그래서 때로는 싸울 일도 있겠지만, 민주주의라는 공동 가치를 위해 손을 마주 잡을 줄도 알아야 한다.

리틀 리버 밴드의 노래 가사는 단순하고 이념적인 것과는 거리가 멀지만 그들의 곡 Reminiscing에도 나온다.

I'm talking about a lifetime plan
인생계획을 이야기하고 있어요
That's the way it began
우리가 시작한 방법으로
We were hand-in-hand
우리는 손에 손을 맞잡았었어요

도심 석양

◇ ◇ ◇

도시 위 하늘
몇 점의 구름 아래
불그스레한 노을이
잠을 청하는 듯
도시 밑 보이지 않는 곳으로

하늘과 도시가 맞닿는
머나먼 즈음에
저녁노을은
아니 뵈는 도시 아래로

붉은색 수놓음도 내려앉고
그 자리는 다시 저녁 하늘로

어릴 때의 하늘에는
별도 보였다

별은 추억이 되고
두 손을 입술에 댄 내 모습에
별빛이 비추고

오늘 밤에는 혹시
어릴 때처럼
별이 보이려나

뭄바이

◇ ◇ ◇

　1989년 늦여름 무렵 공항에 도착해 릴라 켐핀스키 호텔 뭄바이에 여장을 풀었다. 창문 너머로 멀지 않은 거리에 서구식 호텔의 화려함과는 거리가 먼 커다란 빈민촌이 눈에 들어왔다.

　호기심에 이끌려 거리로 나섰다. 물지게를 들고 바쁘게 움직이는 아낙네들과 거리의 천진난만한 어린아이들. 습한 더위에 지친 듯 절름대는 걸음으로 어슬렁거리는 거리의 소들.

　동네 가게 앞을 지나니 아이들이 코카콜라를 사달라고 졸라 세 캔을 사서 그들과 거리에 앉았다. 한 아이가 집을 구경시켜 주겠다 하여 다른 아이들과 다 같이 갔다. 호텔에서도 맡은 카레 냄새 비슷한 퀴퀴한 냄새보다 열 배는 강해 힘들었던 것 말고는 빈민촌 아이들의 환한 웃음과 거리의 활기는 모든 것을 잊게 하였다. 더운 열기와 카레 냄새 그리고 웃음과 생기가 뒤섞인 그 날의 기억은 지금도 내게 뭄바이를 떠올리게 하는 추억이다.

　다음 날 아침 일찍 푸나로 향했다.

도시, 들판 그리고 산 몇 개 가로질러 5시간은 갔다. 인도의 에이전트 회사 두 명이 번갈아 운전하며 달렸다. 산 중턱에는 밑으로 떨어져 그대로 방치되어 있는 차도 보였다. 산길이 험악하여 가벼운 접촉 사고가 났는데 에이전트 한 명이 나를 가리키며 외국인이 있다고 상대 차량 운전자에게 말하자 실랑이는 잠시뿐 잘 해결이 되었던 모양이다.

푸나에 도착하자 화학 공장 사장이 반가워했다. 서울에 왔을 때 시청 앞 프라자호텔 식당에서 저녁 식사를 대접한 적이 있는 사장이다. 당시 그는 스테이크를 맛있게 먹으며 인도에서는 소를 못 먹어 외국에 오면 꼭 스테이크를 주문한다고 하였다.

지난 몇십 년간 인도는 세계에서 가장 빠르게 성장하는 경제 대국 중 하나가 되었다. IT 부문의 성장은 괄목할 만하다. 13억 이상의 인구가 성장의 원동력이 되었다. 모리 총리는 계층 간, 종교 간 갈등을 심화시켰으나 산업과 경제 발전에 기여하고 있다. 베트남처럼 평균 연령이 젊어 생동감이 넘친다. 인도의 정부 주도적 혁신은 인구만 많고 성장이 더딘 몇몇 국가들에게 성공의 사례이다. 디지털 인도 혁신 캠페인이 대표적이다. 세금 관련 법률의 개정도 성공적이었다.

내가 처음 회사에 입사했을 때 인도 주재원이 인도 상인들에 대해 혹평을 하였다. 심지어 숲속에서 인도 상인과 호랑이를 만나면 인도 상인을 더 경계하여야 한다고까지 하였다. 나는 인도에 써플라이어들이 여러 곳 있는데 그때 들은 이야기와 전혀 다르다. 대부분 순수하고 일에 열정적이다. 인도도 일본처럼 가업 승계가 많다. 일본에는 동경 대학 법대를 졸업해도 부친이 장사를 하면 라면 가게에 들어가 가업을 이어간다는 말이 있지 않은가? 인도의 가업 승계를 하는 아들들을 보면 아버지에 대한 효심과 효도가 대단하다.

이에 비하면 우리나라는 모계 사회 문화가 많이 남아있다. 혹자는 우리나라 여자들이 결혼 후 남편 성을 따르지 않는 전 세계 2개국 중 하나라서 그렇단다. 예전 우리나라가 가난할 당시 부인들은 남편과 트러블이 생기면 친정으로 갈 보따리를 쌓는다는 말이 있었다. 그래서 우리나라의 어머니들은 강하며 자녀들 교육의 주도권을 남편에게 뺏기지 않으려고 한다. 아파트 분양도 어머니의 주도권을 고려해 주방을 멋지게 만들어야 분양이 잘된다.

어쩌면 이런 이유로 한국의 아버지들은 더 외로울 수도 있다.

세계의 공장을 목표로 달리는 인도는 우리의 주요 시장이며 공급선이다. 자국 상품에 대한 애국심이 강한 일본이나 중국보다 한국 상품에 대한 선호도가 높다. 앞으로도 기업은 기업 차원에서 그리고 정부는 정부 차원에서 인도와의 잘 정립된 우호적 협력관계를 이어나가고 더욱 발전시켜야 한다.

닥터 바세르가

◇ ◇ ◇

나는 독립하기 전 제조회사 무역 부서에서 책임을 맡고 있었다.

이태리 태생의 스위스 국적인 그는 스위스 바젤에 있는 다국적 화학 기업의 연구소 소장이었다. 제품 수출 상담을 위해 바젤에 갈 때마다 몇 번을 만났다. 그가 은퇴를 앞둔 어느 날 저녁 식사를 함께했다. 그리고는 누가 제안을 했는지 기억이 안 나지만 그가 퇴직 후 부산에 내가 다니던 회사의 기술 고문으로 일하게 되었다. 한 해에 3번 정도 1달씩 체류하였고 약 7년 정도 근무하였다.

바세르가를 영입한 것은 호불호가 엇갈렸다. 회사로서는 다국적 기업의 제품들을 전수받아 개발하여 당연히 매출과 수익이 많이 늘었다. 새로운 아이템들도 생산에서 수출까지 회사 발전에 크게 기여하였다.

그는 기술자들에서 많이 볼 수 있는 고집스러운 성격이었다. 영어 소통이 가능한 연구소장파들은 바세르가와 호흡이 잘 맞았지만 공장장을 비롯한 몇몇과는 갈등을 빚는 때가 많았다. 그의 장점은 시계와 같은 정밀 산업 분야에 강한 스위스인답게 세심하고 무척 꼼꼼하였지만 이런 면에서 직원들과 마찰도 많았다. 모든 것을 문서화하는 그의 업무 스타일에 반기를 드는 직원들도 있었다.

2002년 한일 월드컵 당시에도 부산에 있었는데 회장은 그로 인해 한창 경영 실적이 좋으니 그를 히딩크라 불렀다. 회장은 노력형이거나 기업가 정신이 투철한 사람은 아니었으나 카리스마만은 대단한 스타일이었다. 회사 경영을 거의 관리 중역에게 맡기어 전권을 받은 그가 인사를 좌지우지하였다. 2세 경영을 위해 회사에 들어온 회장 아들의 무능함으로 회사는 파벌이 심하게 갈리고 회장 아들 세력인 연구소장 등이 떠나게 되면서 바세르가의 역할도 지는 해처럼 점점 시들해져 갔다.

그러던 중 나도 독립을 위해 회사를 떠났고 며칠 뒤 해운대 달맞이 어느 작은 식당에서 바세르가와 만났다. 그는 나보다 훨씬 연상이었다. 그는 회사를 떠날 테니 자기를 무역 에이전트로 써달라고 부탁했다. 나는 단호히 거절하였다. 그의 나이가 많아서가 아니었다. 그는 사업상 좋은 파트너가 될 수 있으나 기본적으로 서구인들이 동양인들보다 우월하다는 인식을 늘 가지고 있었고 그것은 파트너로 일하는 데 장기적으로 걸림돌이 된다. 공감대의 핵심은 융화이다.

의사소통은 문화권마다 다른 방식으로 이루어진다. 같은 상황에서도 사람들이 메시지를 전달하고 해석하는 방법이 다르다.

바세르가도 한국에서 재직 중 깨달아야 했을 동양 문명에 대한 이해가 필요하였다.

서양 문명의 핵심에는 식민지 개척과 산업혁명이 있었다. 식민지 개척으로 유럽은 막대한 부를 누리게 되었다. 여기서 얻은 은을 중국과의 무역에 사용함으로써 많은 이익을 얻기도 하였다. 가장 결정적인 것은 산업혁명이었다. 사실 산업혁명 이전의 유럽은 동시대 아시아 국가들보다 기술이 한참 뒤처져 있었다. 화약도 화포도 모두 원나라를 거쳐 유럽으로 전파되었고 고려의 직지심체요절도 유럽보다 200년 앞선 금속활자였다. 사실 콜럼버스가 신대륙을 발견했을 때의 선단은 정화의 원정에 비하면 새 발의 피였다. 이처럼 유럽은 아시아에 과학적으로 한참 뒤처지다가 산업혁명으로 모든 것이 역전되었다. 산업혁명은 유럽에 막대한 부와 과학기술의 진보와 혁신을 가져다주었고, 유럽국가들은 이를 통해 군대를 발전시켜 아시아를 침략하고 식민지로 삼아버린 것이다. 산업혁명이 불러온 산업화가 엄청났다는 것은 일본에서도 증명되었다. 일본이 개항하고 메이지 유신으로 교육과 과학기술과 더불어 산업화에 성공하자 노벨상을 받는 인재도 두루 나오게 된 것이다.

동서양 문화가 팀워크에 미치는 큰 차이는 직설적인 소통 방식과 간접적인 방식의 차이이다. 이런 차이를 이해하면 갈등을 줄이고 원활한 의사소통에 도움이 된다.

바세르가도 곧 한국의 회사를 떠났고 나는 그와 파트너가 아닌 관계로 몇 년 관계를 이어나갔다. 그러다 십수 년 전쯤인가? 스위스의 그의 아내로부터 전화가 왔다. 그녀는 남편이 세상을 떠났다며 엉엉 울었다. 바세르가의 명복을 빌었다.

소프트웨어에 의해 사라지는 문서철 하드 파일

◇ ◇ ◇

소프트웨어의 등장으로 문서철 하드 파일이 줄어들고 있다. 업무의 편의성 혹은 효율성에 있어서도 너무 오버인지 모르겠으나 지구 환경에도 좋을 수 있다.

컴퓨터 소프트웨어를 활용한 업무 효율 개선은 시대의 흐름에 필연이며 필수적이다. 기업에서는 더더욱 경쟁력 향상을 위한 지름길이다. 그러나 문서철 하드 파일이 주는 효과나 영향력을 간과해서는 아니 된다.

나는 하드 파일의 중요성을 수제 가죽 지갑이나 제조 공정에 사람 손이 많이 들어간 유명 자동차에 비유하고 싶다. 아무리 기술이 발전하고 AI 혁신이 일어나도 인간의 혼이 들어가 있지 않으면 인류 스스로가 각박해진다. 최근 몇몇 선진국들에서 어린 청소년들에게 SNS에서 계정 불허를 입법화하려는 시도는 눈여겨볼 만하다. 인성을 기계적으로 만들어 사회 문제를 일으키고 메마른 정서는 인류애의 악이 될 수 있다. 회사에서 아직도 하드 파일을 중시하는 나라는 독일, 일본 그리고 세계 각국의 유대계 회사들이다. 유대계 회사 여러 곳은 아직도 문서 용지로 마른 잉크 묻어나는 용지를 쓰고 이를 전통으로 여긴다. 몇 년 전 국내 거래처의 나이 드신 사장님께 전화가 와 그 영국 회사의 서류 용지를 보고 버럭 화를 내셨다. 요즘도 이런 용지를 쓰고 이런 필체를 쓰느냐며 런던 어디 다리 같은 밑에 하꼬방 차려 놓고 장사하는 회사냐고 소리를 지르셨다.

아직도 마른 잉크 묻어나는 용지를 쓰는 그 영국 회사는 100년도 넘은 굴지 기업이다.

일할 때 컴퓨터에 저장하고 중요한 자료들을 골라 문서철 하드 파일에 저장하면 내가 수집한 자료 그리고 정보들이 더욱 소중해 짐을 실감한다. 일본 기업들은 한발 늦은 의사결정과 혁신 부재로 고전하는 것이 단점이지만 문서철 하드 파일 선호 문화와 메모하는 습관은 그들의 전통을 중시하는 강한 경쟁력이기도 하다.

내가 아는 Mr. Schmidt라는 미국인은 일본 기업에서 5년간 근무하다 다시 미국으로 복귀했다. 그가 도쿄에 있을 때 출장 가 두 번 만났다. 그는 미국으로 간 후 소프트웨어에 의존적인 미국 회사에서 문서철 하드 파일의 중요성을 일깨우고 회사 대표가 수긍하여 이를 전사적으로 시행하였다. 그 대표와 Mr. Schmidt를 한국에 출장을 와 같이 식사를 하여 내가 하드 파일에 대해 이야기하였다. 사내 전 직원들에게 설문 조사를 한 결과 하드 파일 병행에 대한 업무 효율성이 극

대화 되었고 혁신적인 소통에 기여했다고 한다. 또한 소프트웨어에만 의존할 때의 게으름과 나태함에서 벗어났다는 사례도 많이 있었다고 한다. 무엇보다 중요한 것은 고객을 만날 때 노트북과 동시에 하드 파일을 같이 꺼내 들 때 고객의 만족도가 높아진다는 연구의 기회가 되었다고 한다.

인류가 존재하는 한 인간미는 기계보다 중요하다. 문서철 하드 파일이 소프트웨어만큼 중요한 이유이다. 컴퓨터에 지나치게 의존하면 인간은 기계의 노예가 된다. 물론 컴퓨터의 도움으로 서류 파일 철을 간소화할 수 있게 되었으나 사무실에 작은 도서관을 만든다는 생각으로 서류철을 만들면 업무에 더욱 친근해진다.

기계는 기능을 제공하지만 인간이 손으로 정리한 흔적과 노력은 업무의 온기를 불어넣고 따스한 온기를 더한다. 이는 우리가 단순히 작업을 수행하는 것이 아니라 그 과정 속에서 인간다움을 발견할 수 있게 해주는 소중한 일이다.

직장 술 문화

◇ ◇ ◇

2세 경영을 하던 회장 아들인 경영팀장으로부터 전화가 왔다. 오래전 제조업에 다닐 때였다.

몇몇 부서장 단합을 위해 자주 모이는 자리인데 참석을 권유받았다. 어느 회사나 파벌까지인지 모르지만 취향이 맞는 사람들이 하나의 그룹을 형성한다.

저녁 식사를 마치고 경영팀장의 단골 룸 카페에 갔다. 그들이 한 달에 서너 번씩 찾는 카페라고 주인인지 마담인지가 즐거워하며 일행들을 맞아주었다. 동석한 팀장들 모두 한 잔씩 마시며 회사의 미래와 전략에 대해 토론도 하였지만 회사의 다른 파벌에 대한 힐책이 주된 이슈였다. 폭탄주 술잔이 돌면 돌수록 더 열정적이었고 경영팀장은 인적 쇄신의 필요성을 역설하였다.

그리고 한두 달 지나 나는 내가 만든 회사 내 농구팀을 이끌고 술자리를 가졌다. 파벌 모임이 아니라 동아리 모임이었다. 식사를 마치고 우리는 노래방에 가서 그날의 승리를 자축하며 맥주도 실컷 마시고 노래도 실컷 불렀다. 노래를 부르니 진정한 소통은 말로 하지 않아도 이루어지는 것 같았다.

직장 내 단합을 위해서는 운동 모임이 좋다. 등산 모임이나 트래킹 모임 혹은 싸이클링 모임도 좋다. 즉, 운동을 통해 힐링을 하고 서로 이해하는 팀워크를 만드는 것이다. 운동 후 회식자리의 이야깃거리도 대부분 운동에 대한 이야기가 주를 이루게 된다. 미국 기업들은 학창 시절 아마추어 운동선수 출신들을 중용한다. 팀워크에 도움이 되기 때문이다. 직원들의 커뮤니티가 스스로 변화의 주체가 될 수 있도록 지원해야 한다. 성공적인 리더십은 권력이 아니라 그들의 커뮤니티에 대한 영향력이기 때문이다.

땀 그리고 엔도르핀

◇ ◇ ◇

늦은 저녁 시간에 체육관을 규칙적으로 다니고 있는 30여 년의 습관이 내게는 가장 큰 재산인 것 같다. 동아리를 처음 시작했을 때 의사가 직업인 동료가 우리들에게 가능하면 운동 마친 후 30분 정도는 샤워를 하지 말라고 권했다. 몸 안의 노폐물들이 운동 후 30분 정도 계속 빠진다는 것이다. 하루는 엘리베이터를 탔는데 같은 동에 교수 직업의 늘 까다로우신 분이 계셨는데 마주쳐 땀 냄새 때문인지 얼굴을 찡그리셨다. 그 후부터는 사람들이 있을 때는 기다리다 혼자 타고 올라갔다.

운동을 하면서 기분이 좋아지는 이유는 과학적으로 여러 가지 이유가 있겠지만 운동 시 몸의 세포가 활발하게 반응하기 때문에 엔도르핀 호르몬의 영향이 그중 하나다. 운동은 스트레스를 해소하는 데 효과적인데 스트레스 호르몬인 코티솔의 분비가 감소하고 대신 쾌감을 주는 호르몬인 도파민과 세로토닌의 분비가 증가한다. 이는 정신건강과 유관하다. 실로 뇌의 혈류량이 증가하면서 뇌세포의 연결성이 높아져 학습 능력과 기억력 향상에도 일조한다. 뇌의 회전율을 높이는 것이다. 특히 엔도르핀은 행복감을 증가시키고 스트레스를 감소시키는 효과가 있다.

운동 시 만들어지는 호르몬 때문이다. 이 호르몬은 뇌에서 나오는 통증 신호는 차단하고 기분, 감정, 수면과 식욕에 좋은 영향을 주는 세로토닌을 생산한다.

운동은 즐거운 마음으로 해야 한다. 어느 보고서에 의하면 운동 중 화를 내고 짜증을 내면 오히려 독이 된다고 한다. 웃음은 가장 좋은 약이다.

시간

◇ ◇ ◇

　친한 친구와 만나 식사를 하고 자주 다니지 않던 길을 걸었다. 육교로 길을 건너봤다. 기억도 나지 않으나 육교를 이용한 지 십 년도 더 되는 것 같았다. 그러고 보니 특별한 날 말고는 시계를 안 차고 다닌 지도 십 년이 넘었다.

　입시를 앞둔 오래전 학창 시절에는 시간이란 속성은 한 번 지나가면 없어지는 것이니 때를 놓치지 말고 시험 준비에 대비하라고 배웠다.

　사람들은 요즘 스마트폰으로 시계를 보고 달력도 스마트폰으로 본다. 시간과 세월의 흐름을 좀 더 나만의 것으로 더 가까이 느낄 방법은 없을까? 더 내 것처럼 볼 수는 없을까? 예전에 흔하던 태엽 감는 탁상시계를 하나 사러 주말에는 골동품 가게를 들러봐야겠다.

　시계가 멈추면 시간을 표시하는 바늘과 분을 표시하는 바늘을 시침과 분침에 맞추며 태엽을 돌려 시계에 밥을 주면 된다. 우리는 새것에 대한 욕구에 너무 길들어 오래된 것들의 가치를 너무 쉽게 잊어버렸다.

　친구도 그렇다. 새로운 친구를 사귀는 것도 새로운 인간관계를 만들 수 있어 좋지만 오래된 친구에게는 우정이라는 에너지를 반만 써도 된다.

　스마트폰은 무한한 정보와 동시에 편리함을 주며 이어지는 기술 개발로 또 새로운 모델로 유혹한다. 최근 호주는 청소년들에게 SNS 계정 가입을 아예 차단하는 제도를 입법화하려 하고 있고 유럽권 국가들도 비슷한 법안을 검토 중이다.

　스마트폰 문화는 가족, 친구들과의 즐거운 오프라인 쇼핑의 기회를 줄이고 아침에 신문을 펼치는 일과도 사라지게 했다. 소소한 행복과 시간이라는 가치에 대한 깨달음을 하나하나 앗아갔다. 시계에 밥을 주며 우리들에게 시간이라는 속성을 가르친 태엽 감는 시계도 사라지고 말았다.

　사라져 버린 태엽 감는 시계를 떠올리며 우리는 문득 깨닫는다. 시간은 기계에 의존해 흘려보내는 것이 아니라 그 자체를 온전히 살아가는 과정임을.

자신이 하는 일에 진심인 사람

◇ ◇ ◇

　단골 횟집 두 군데가 있다. 한 집은 부친 때부터 물려받아 40년 이상 된 장사가 꽤나 잘되던 집이다. 부인과 같이 경영하는데 여러 해 전부터 그만두고 쉬면서 여행을 다니며 살고 싶다 했다. 어느 날 가보니 정말 문을 닫았고 간판도 바뀌고 새로운 사장이 인수해 운영하고 있었다. 그전에는 잘되던 횟집이었는데 일 년쯤 지나 손님이 줄어 그 집도 문을 닫았다.

　길을 걷다가 우연히 그 집의 옛 사장을 만났는데 옛 단골인 내게 차 한잔을 하자고 했다. 가게를 그만두고 해외여행을 다녔고 횟집 운영의 반복되는 일과에서 벗어나 행복할 줄 알았다고 한다. 다시 횟집 터를 알아보아야 하나 고민 중이라고 했다. 나는 고민 중이라면 다시 시작하지 말라고 했다. 왜냐하면 그분은 예전에도 늘 자기가 하는 일에 열정적이지 않아 보였기 때문이다.

　다른 한 가게는 사장이 열정적이다. 자신의 직업에 진심이 담겨있다. 늘 환한 미소로 손님들을 대하고 자신의 장인정신을 사랑할 줄 아는 사람이다. 열정은 재능을 뛰어넘고 세상을 바꿀 수 있는 힘이다.

진심이 담긴 열정은 성취를 향한 에너지를 쏟아낸다. 우리가 사는 삶과 마음의 장작더미에 불을 붙이는 것이다. 이것이 늘 자신의 일에 불평불만이었던 길가에서 만난 옛 단골집 사장과 다른 점이다. 어떤 일을 하던 직업의 귀천은 없다. 모두가 하나의 소사이어티를 만드는 소중한 구성원들이기 때문이다.

자기 일에 진심인 사람이 성공한 사람이다. 여기서 일이란 단지 돈을 버는 일만을 의미하지는 않는다. 퇴직 후 열정을 가지고 취미생활을 하는 밝은 사람들을 많이 본다. 노래 모임에 나가거나 사진을 찍거나 각종 운동 동아리의 리더가 되는 열정을 가진 사람들이다. 공유재산을 활용할 줄 아는 사람이 진정한 마음의 부자라고 한다. 아름다운 꽃들로 수놓아진 길이며 들과 산 그리고 강과 바다는 모두 공유재산이다. 일에 진심인 사람들은 은퇴 후에도 이런 자연에 대해서도 열정적으로 다가간다.

탁상시계

◇ ◇ ◇

시침과 분침을 맞추고
태엽을 돌린다

다시 살아난 시간들 속으로
새들이 하늘을 훨훨 날아다닌다
마치 한순간을 위해 가진
모든 것을 위한 모습을 보이며
새들이 날아다닌다

날아다니는 모습이 조금씩 다르듯
빨리 나는 새도 있고
좀 더 느린 새도 있다
시계는 원래는 항상
조금씩 늦거나 조금씩 빨랐다

태엽 감는 시계처럼
조금씩 틀리게 가면 더 좋다

창문에서 반사된 햇빛으로
시계 유리에 어렴풋이 비치는

나의 얼굴은
그 시간에 기대어 있다

작은아버지

◇ ◇ ◇

"나 내일 작은 엄마와 부산 가는데, 일요일이니 식사 한번 할 수 있니?"

반가운 작은아버지의 목소리였다. 다음 날 아침 숙소로 가 두 분을 모시고 달맞이 길가의 대구탕 집으로 가 식사를 대접해 드리고 한두 시간 정도 함께하고 헤어졌다.

아버지는 3남 2녀 중 차남이셨다. 교사로 재직 중이셨던 작은아버지는 우리 집과 멀지 않은 동네에 사셨다. 어느 겨울날 작은어머니의 비보가 들려왔다. 아마도 내가 초등학교 삼사 학년쯤 되었을 때일 것이다. 당시는 겨울철에 집집마다 방안에 연탄난로를 피웠다. 연탄가스가 누출되어 그토록 인자하시던 작은어머니가 돌아가셨다. 살이 좀 통통하신 얼굴의 작은어머니는 늘 미소가 가득한 보기만 해도 선한 분이셨다. 나이가 들면 얼굴에 마음이 나타난다고 하지 않는가. 사촌 여동생과 남동생의 슬픈 얼굴이 지금도 떠오른다.

작은아버지는 후에 재혼을 하셨는데 빙상연맹 회장을 역임하실 정도로 아주 활동적인 분이셨고 우리 아버지에게도 자주 오셔서 나는 친한 형제의 모습을 보고 자랐다. 아버지가 세상을 떠나셨을 때도 고맙게 장례 진행을 도와주셨다. 장례식장에서 작은아버지가 들려준 말씀 중에 "아버지의 죽음이 슬픈 건 순서 때문이라셨다. 다음은 내 차례야"라고. 그 말은 단순한 슬픔을 넘어 삶과 죽음의 질서 앞에 서 있는 인간의 덧없음을 담고 있는 것처럼 느껴졌다.

작은아버지는 서울에 계셔 자주 뵙지는 못했다. 그러나 내게 안부 전화도 문자도 자주 주셨는데 어느 날 전화를 받으니 치매 증상을 보여 안타까웠다. 얼마 후 세상을 떠나셨다.

한 2년 전쯤인가? 미국에 이민 가 하와이에 살고 있는 작은아버지의 딸이 서울에 왔다고 부산으로 인사 전화가 왔다. 그리고는 작은아버지가 세상을 떠나기 바로 전 한국에 오면 내게 한번 연락해 부산에 왔을 때 고마웠다는 말을 꼭 전해달라고 하셨단다.

부산에 오셨을 때 내가 좀 더 많은 시간을 작은아버지와 보냈어야 했다. 한두 시간 의례적으로 시간을 보내고 용돈을 조금 드리고 작별하였다. 어쩌면 나는 이제까지 살아오는 동안 특히 젊었을 때는 많은 만남을 그렇게 의례적으로 그리고 건성으로 상대를 대하였을지도 모른다는 생각을 하며 반성한다. 그때도 연로하셨던 작은아버지는 내가 잠시 형식적으로 만나드린 것인데도 마음속 깊이 간직하고 계셨는가

보다. 부산 관광도 시켜 드리고 그날만큼은 저녁 식사까지 대접해 드렸어야 했다.

어느 만남이든 두 개의 마음이 만나는 그곳에는 새로운 문의 신비가 숨 쉬고 있는 것이다. 만남을 통해 서로와 연결되는 것이다. 그리고 거기서 이해와 공감을 얻게 된다.

토요일 오후 사무실

◇ ◇ ◇

몇 년 전부터 한가한 토요일을 늘 사무실에서 보낸다.

학창 시절 참으로 순수했던 후배를 길가에서라도 만나기를 고대하고 있었는데 그를 만난 것이 벌써 35년 전쯤이니 세월이 많이도 흘렀다. 몇몇 친구들과 통닭집서 치맥을 즐기다 그 후배 이야기가 나와 기수련 공부를 한다던 예전의 말이 문득 떠올랐다. 기수련 공부를 하고 있어서 허리가 안 좋으셨던 장모님에게 배우고 있던 기를 넣어준다고 처가에 온 적이 있다. 그리고는 연락이 끊겼고 35년이 지났다. 치맥을 하던 중 총명한 한 친구가 인터넷을 검색하더니 창원에서 기수련을 한다며 그의 전화번호를 찾아냈다.

며칠 지난 토요일. 35년 만의 만남에 대한 설렘으로 운전대를 잡고 그를 만나기 위해 서부 터미널로 달렸다.

세월의 흐름에 나도 변했듯 그도 변했다. 학창 시절의 순진했던 모습은 그대로 남았지만 얼굴에 잡힌 주름살이야 어찌하겠는가? 차에 태우고 사무실로 가면서 나는 그를 남 원장이라고 불렀다. 남 원장은 너무나 여린 성격으로 자아에 대한 불안감 때문에 졸업 후 아시아나항공 등 합격 후 입사를 포기하고 심신의 안정을 위해 입산하여 기수련을 배우다 깨달음으로 30년이 훨씬 넘게 기치료를 해주고 있단다. 자기를 치유하기 위해 기수련을 시작했고 수련을 위해 수십일 단식수련도 했단다.

나는 아픈 데도 없었고 건강하였지만 너무나 반가워 토요일마다 남 원장의 기치료를 받고 싶다고 했고 햇수로 벌써 4년째가 된다. 주변의 어떤 사람은 미신이라 했고 또 어떤 사람은 비과학적이라 했지만 나는 상관하지 않았다. 한가지 깨달은 점이 있어서이다. 기 선생이나 수련을 받는 사람이나 서로에 대한 한결같은 믿음이 있어야 수련의 효과가 있음을 알게 된 것이다.

남 원장은 기억력이 좋았다. 서부 터미널에서 만나 해운대 센텀시티에 있는 사무실을 향해 가던 중 추억을 이야기했다. 프랑크푸르트 소속 차범근 선수의 한국 원정경기를 보러 나와 축구장에 갔던 일, 방과 후 야구 관람을 갔던 일 등이었다. 차가 광안리 해변을 지날 때는 바다를 보며 말했다. 자기가 입대한다니 눈물을 감추고 뒤돌아 뛰어가던 여학생 이름을 되새기며 그녀의 집이 학교 후문 바로 앞이었다는 등 젊은 시절의 몇몇 추억을 이야기하였다. 4년째인 지금도 수련을 받으며 추억 되새기기를 할 때가 행복하다.

토요일마다 남 원장과의 만남은 '기' 이상의 가치가 있다. 그와는 옛 추억이 있기 때문이다. 사람의 모습은 변하기 마련. 그래서 옛 사진 속의 사람은 변해도 그 안에 담긴 추억은 변하지 않는다. 38년째 나와 동고동락하고 있는 고마운 아내가 들으면 어쩔지 모르지만 결혼 전 여의도에 살던 첫사랑 여인 생각이 십 년마다 한 번씩 떠오르는 것도 추억이란 가슴에 지니고 다니는 일기장과 같은 것이기 때문이다. 좋은 삶이란 행복한 추억들을 쌓아가는 여정이다.

물어보지 않았지만 남 원장은 아직도 미혼인 것 같다. 봄이 오면 어머니가 가꾸던 자그마한 밭에서 두릅을 수확한다. 자연의 선물이며 어머니의 선물이다. 연로하신 어머니 간호를 위해 부산에 자주 온다. 내게 수련을 해줄 때도 어머니 전화벨이 자주 울린다. 나는 수련에 절대 해가 안 되니 어머니가 전화 올 때마다 정성껏 응대하라 한다. 그는 90이 다되어 가시는 어머니가 하늘나라의 시민으로 돌아가실 때까지 어머니의 여생을 위한 추억 파트너이다. 올 한 해가 가면 곧 봄이 올 것이고 나와 아내는 그가 수확할 두릅을 싼값에 사 먹을 즐거움이 또다시 올 것이다.

18홀과 14개 클럽

◇ ◇ ◇

골프는 참 아기자기한 운동이다. 18홀 동안 실력과 운 또 미묘한 상황에서의 변수들이 반복된다. 모든 스포츠가 멘탈이 중요하겠지만 그날 그날 동반자들의 성향이나 분위기에 따라 성적이 좌지우지 되기도 한다.

14개의 각기 다른 도구(골프채, 골프 클럽)를 상황에 따라 바꾸어 가며 선택해야 하는 예민한 운동이기도 하다. 그래서 다른 운동에 비해 경기 중 동반자들 간에 트러블이 일어난다. 동호회에 분란이 생기고 깨지는 경우도 많은 반면 물론 너그러운 멤버들이 화합하고 친목을 도모하는 모임도 많다. 생각이 복잡하지 않은 사람들이 많은 모임이 오래가는 것을 보았다.

마침 어젯밤 같은 동네에 사는 옛 골프 지인으로부터 육칠 년 만에 전화가 왔다. 한잔한 김에 내 생각이 나서 전화를 했다니 반가웠다. 기억으로는 멋진 백구두를 자주 신었던 분이다. 요즘은 골프를 안 치느냐고 물어서 수년 전부터 취미를 잃어 골프와 멀어졌다고 말했다. 그러더니 그분은 묻지도 않았는데 자기 근황을 이어갔다. 지난

주에 부부가 해외 어느 골프장을 다녀오고 와이프가 서울에 가서 공주 같은 여인들과 한잔하는 중이라 했다. 수화기에 깔깔대는 여인들의 목소리도 들렸다. 그리고는 이어갔다. 내가 들으라는 소리인지 여인들이 들으라는 소리인지. 사업은 접었지만 한 달에 4~5천만 원 정도의 배당 월급이 나온단다. 나는 축하해 주었지만 그중 반은 세금으로 나간다고 투덜댔다. 자기 딸이 미국서 공부해 미국 IBM에 다니는데 연봉을 삼십만 불 받지만 딸도 40%를 세금으로 낸다고 미국이나 한국이나 마찬가지라고 묻지도 않은 말을 이어갔다. 훌륭하게 성공한 딸 이야기를 하는 것은 아버지로서 마음도 뿌듯해질 수 있고 좋은 일이다. 그러나 오랜만에 전화했으면 다른 안부나 추억 이야기도 해야 하지 않을까?

한때 골프에 빠져 라운딩 중 샷이 무너지면 연습장에 가고 드라이버의 길이를 잘라 피팅을 하고 라운딩이 있는 날 비가 오면 기분이 가라앉고 한 적이 있었다. 골프 인구가 많은 일본 바이어들과 라운딩을 앞두고는 저녁 시간에는 연습장에 갈 정도였다.

오랫동안 체육관 운동 습관 때문이기도 하지만 몇 년 전 나는 골프를 거의 끊었다.

골프를 치면서 한 가지 깨달은 것이 있었다. 몸과 스윙이 샷을 스스로 기억해야지 머리로 기억하려 하면 할수록 무너진다는 것이었다.

더욱이 사용하는 도구가 14개로 어느 스포츠보다 많은 골프는 자칫 하다가는 머리가 복잡해질 수 있다. 어차피 삶은 단순한 것이다. 그런 삶을 복잡하게 만드는 것이 우리들이다. 복잡한 것을 단순하게 만드는 것이 창의성이며 창의성은 지나친 욕망을 줄임으로써 나온다.

삶은 복잡하지 않은데 우리들 자신이 복잡한 것이다.

캠프 케이시 마이크 일병

◇ ◇ ◇

마이크 일병은 늘 웃는 표정의 미남 백인 헌병이었다. 캠프 케이시 헌병대는 게이트조와 순찰조가 있었는데 게이트조는 정문만 제외하고는 거의 혼자 지켰다.

대대 야간 밤샘 근무를 서던 날은 평소와 달리 마이크 일병과 둘이 배치되었다. 나는 마이크와 같은 계급의 일병이었다. 대대 초소는 한적한 곳에 있었는데 밤새 초소에 앉아있다가 차가 달리면 나가서 장교 차면 경례를 하고 장교 차가 아니면 그냥 수신호만 하는 일이 전부였다. 라디오를 듣건 책을 보건 차만 지나가게 하면 된다. 수신호를 하고 들어오니 마이크가 울고 있었다. 소문대로 미국에 있는 애인이 고무신을 바꾸어 신고 결혼을 하게 된 이별의 슬픔 때문이었다. 그때 나도 어려서 어찌 저런 착하고 미남에 키도 훤칠한 마이크를 두고 이별을 택한 게 있을 수 있나 했다.

당시는 군 복무 기간이 30개월 내외였다. 대학에서 교련 수업을 얼마나 받았는지에 따라 27개월에서 33개월이었던 것으로 기억이 난다. 근무 중 느낀 것은 미군들의 인성이 극과 극이다. 좋은 인성을 가진 미군들은 한국인들보다 훨씬 좋고 나쁜 인성을 가진 군인들은 한국인들보다 더 나빴다. 물론 대략 70~80%는 인성이 좋았다. 이런 성향은 한국 프로야구의 미국 용병 선수들에게서도 확연하게 드러난다.

마이크가 물었다. "강 일병! 여자친구 있니? 만약에 자네가 미국에 주둔 근무하는데 한국의 애인이 다른 남자와 결혼을 하면 자네는 어쩔 거니?" 그러면서 그 착한 마이크가 "젠장, 한국이 내 애인을 떠나게 했어. 이제는 한국이 싫어!" 하며 흐느꼈다.

며칠 후 나는 정문 게이트에서 미군 두 명 그리고 병장 계급의 다른 카투사 고참 한 명과 같이 야간 밤샘 근무를 하고 있었다. 이등병이나 일병은 정문 배치가 드물고 한 달에 한 번 정도였다. 마이크가 그날 비번이라 외출을 했다가 새벽에 슬픈 표정으로 정문을 거쳐 영내로 사라졌다. 프랭크 일병이 우리들에게 웃으며 말했다. "마이크 저 놈 이별 충격에 지난밤 칠리(미군들이 찾는 시내의 여자들이 몸을 파는 기지촌의 이름) 다녀오는 거야 하하하." 그토록 착하며 늘 미국에 있는 애인 사진을 보여주던 마이크여서 변한 모습에 모두들 놀라워했다.

나는 이등병 동안 그리고 일병 계급을 마칠 무렵 지원사령부 인권옹호처(EO: Equal Opportunity)로 보직을 변경하였는데 당시 카투사 헌병대도 군기가 엄청 세었다. 구타 금지는 말뿐 병장 방에 집합하면 미군들이 볼까 봐 문을 걸어 잠그고 고참들의 언어폭력은 기본이고 곤봉으로 그리고 헌병 헬멧으로 구타를 당했다. 사병의 계급은 일병(private), 이병(private first class), 상병(corporal), 병장(sergeant)까지 있었다. 세월이 많이 흘러 지금은 있을 수 없는 일인데 당시는 미군 부대 헌병대에 비리가 많아서 더욱 군기가 세았다. 당시는 우리나라가 못살아 미군 부대 내 미제 제품들이 밖으로 나가 시장이 형성되고 블랙마켓에서 거래되었다. 전자제품, 일반 생활용품뿐이 아니었다. 양주, 양담배도 있었고 음식 트럭이 밖으로 지나감 미리 의례적으로 고참 카투사가 뛰어나가 통과를 시켜주었다. 음식 트럭에 실린 미군 부대서 빼돌린 소시지며 고기들이 이른바 '부대찌개'의 탄생이며 캠프 스탠리가 있던 '의정부 부대찌개'의 탄생이기도 하다. 물건을 빼돌리는 업주들과 카투사 헌병들의 커넥션이었다. 양주의 밀반출도 허다했다. 이등병이나 일병들은 이런 비리를 알고 있었으나 뒷거래에 개입할 수는 없었다.

일병 때 나는 다른 헌병대 카투사 한 명과 함께 지원사령부 본부(헌병대도 지원사령부 소속)로 발령이 낫다. 나는 인권옹호처로 가고 다른 한 명은 한국군 장교와 인사계인 중사를 모시는 인사과로 갔다. 지원사령부 한국군 장교들이 A 소령에서 B 대위로 바뀌고 다시 젊은 중위가 새로 부임하였다. 엘리트 중위로 아주 청렴하고 순하였으며 '진짜 군인' 그 자체였다. 몇몇 고참 카투사들과 함께 동두천에 있던 중위의 단칸방 집에 초대받은 적도 있는데(장교 막사가 있었지만 부부가 영내에 기거할 수 없어 밖에 단칸방을 얻어 사시고 계셨다.) 사모님도 앳된 모습의 착하신 분이셨다. 직업군인 남편을 따라 서울에서 동두천으로 오셨단다. 지원사령부에는 한국군 장교 한 명이 부임한다. 중위님은 워낙 군인 정신이 투철하셔서 당시 모든 사람들이 알았던 일반 상식인 헌병대의 비리에 대해 모를 리가 없었다. 헌병대에 대한 감찰에 칼을 뽑아드셨다. 20대 후반인 중위님과 50대 초반인 헌병대 한국군 상사와의 치열한 파워 게임이 영내에 알려졌다. 당시 한국군 장교나 카투사나 양주를 반출할 수 없는 게 규정이었으나 양주를 한두 병을 사서 가지고 나가는 것은 다반사로 흔히 있는 묵시적인 흔한 일이었다. 물론 불법이었지만 외출 시마다 매주 한두 병씩 가지고 나가는 장교, 하사관 그리고 일부 고참 카투사들도 많았을 것이다. 즉, 정문 게이트에서 한국군 장교나 하사관이 군대 차량이나 혹은 도보로 정문을 통과해도 가방을 뒤지지 않는다. 오히려 미군이나 카투사들이 뛰어나와 경례하는 게 의례다.

처음으로 양주 한 병을 가지고 나가던 중위님은 헌병대의 수색에 말려들었다. 술도 좋아하지 않는 분이셨고 영어를 배우기 위해 미군부대에 파견된 직업군인으로는 군 최고의 학벌도 가진 20대 후반의 엘리트 군인이셨다. 규정과 법에 걸려들어 육군 본부까지 보고되어 카투사 병장들이 육군본부에 청렴하신 중위님을 돕기 위한 탄원서까지 쓴 기억이 난다. 그때 사태 파악을 위해 육본에서 온 소령은 중위님을 잘 아는지 "모두 그래도 너만은 이런 일을 하지 않을 줄 알았다"

며 아쉬워했다.

결국 중위님은 이력에 커다란 오점을 남기고 당시 미 2사단 역사상 최초로 파견 장교가 퇴출되는 시련을 겪었다. 다른 장교들과 달리 유별스럽게 청렴하신 분이 떠나는 날 우리 병사들 모두는 눈물을 흘렸다. 그 후 어디로 발령이 났는지는 무리가 알 수 없는 일이었다.

착한 동안의 얼굴 모습인 중위님이 퇴출당하시며 병사들을 모아놓고 짧게 말씀하셨다.

"부끄럽다. 딸을 동두천 단칸방에 시집 보낸 장인어른 생신에 양주 한 병을 선물해 드리려 준비했다. 이것이 내 변명의 전부다. 헌병대는 직무에 최선을 다한 것이고 나는 헌병대를 개혁하고자 했을 뿐 나 스스로가 개혁의 배신자 역할을 하는 죄를 지었다. 미안하다."

이름이라도 기억이 나면 인터넷에서라도 찾아뵙고 싶은데 중위님의 성씨만 기억나지 이름은 기억이 안 난다.

"지금은 퇴역하셨겠지요? 요즘은 국산 양주도 스코틀랜드 양주 못지않게 아주 좋은 것들이 많아 중위님을 뵐 수 있으면 한잔 대접해 드리고 싶네요. 중위님 같은 분이 많이 계셨다면 블랙마켓도 더 빨리 없어졌을 것이고 우리의 좋은 양주 개발도 더 빨라졌을 겁니다."

서울의 폭설

◇ ◇ ◇

그제와 어제 기상 관측 이래 117년 만의 최대 폭설이 서울에 내렸다는 TV 뉴스를 보았다.

아침에 일어나니 서울에 사는 형의 문자가 형제들 방에 올라왔다.

"아침에 일어났더니 거실 앞 정원의 나무가 습설에 꺾여 쓰러진 모습이 안타깝더군요. 봄이면 가장 늦게 신록이 돋아나고 꽃도 늦게 피던 제법 자태가 아름답던 나무였는데~ 오늘 뉴스를 보니 곳곳에서 나무들이 쓰러졌다고 하네요. 때 이른 진달래가 피고 여전히 초록 잎을 매달고 있는 단풍이 많은데 느닷없이 폭설이 내리고 기상이변이 심한 요즘입니다. 모두 건강 유의하시길~"

올해는 열대야, 집중호우 등 기상이변이 유독 많았다. 이번 폭설은 바다와 대기의 온도가 큰 차이를 보인 것이 원인이라고 한다. 현재 서해의 바다 수온은 평년보다 약 2도나 높은 상황이다. 더운 바다의 수증기와 건조한 공기가 만나면 눈구름이 큰 폭으로 만들어진다.

하늘을 나는 새들은 바람이 세차게 부는 날 집을 짓는다고 한다. 그래야 튼튼한 보금자리를 지어 새끼들을 보호할 수 있기 때문이다. 기후변화가 글로벌 이슈라는데 인류도 새들의 지혜로부터 배워 대처해야 한다.

형은 퇴직 후에도 자기 관리나 취미생활을 제대로 즐기는 것 같다. 걷기 모임과 여행 그리고 취미인 사진 찍기는 내가 보기에는 마니아나 프로급이다. 서울에 폭설이 내렸다는 형의 문자를 읽으니 옛 추억이 떠오른다. 청파동에 살던 때의 어느 겨울. 그날 눈이 엄청나게 내렸다. 그 집은 일제강점기 때 지어진 이층집이었다. 형과 나는 2층에 방이 있었는데 다다미방이어서 방에는 난로를 피웠다. 그 추운 날 눈발 날리는 창밖을 바라보며 형과 난로에 프라이팬을 놓고 돼지고기를 구워 먹던 그때의 맛을 잊을 수가 없다. 형제는 같은 환경에서 자라며 비슷한 경험을 함께 나눈 위안이 되는 관계이다. 내 기억에 형이 두 번이나 죽을 고비를 넘겼다. 한 번은 우리나라에 미국산 TV가 처음 들어왔을 때 가정집보다 먼저 서비스 업종에 설치 허가가 났다. 아마도 가정용 TV 수신용 안테나 설치 허가나 부족한 시설 시스템 때문에 주택용 TV가 지연되어서였을 것이다. 동네 만화방을 열 번 이용하면 만화방 이층에서 TV 시청권을 주었다. 프로레슬러 박치기왕 김일과 일본 선수와의 한판승부가 TV에 중계되는 날이었다. 그날 윗동네, 중간동네, 아랫동네 아이들이 너무 많이 모여 2층이 붕괴된 것이다. 형은 기어서 집으로 왔다. 이 사고는 다음 날 신문에도 크게 보도되었다. 또 한 번은 형이 동네에서 간이 야구를 하는 형들 옆을 지나가다 동네 형이 휘두른 야구방망이에 눈가를 맞아 실신한 것이다. 조금만 위쪽 급소를 맞았거나 눈을 더 큰 사고였다. 응급 치료를 받고 형은 집으로 와 눈덩이에 붕대를 감고 누워있었다. 난 그때 처음으로 형제의 아픔이 무엇인가를 보았다. 형제간의 유대는 당신이 가질 수 있는 가장 깊은 연결인 것이다. 요즘 부모가 돌아가시고 나면 원수처럼 지내는 형제들을 자주 본다. 인연을 끊는 형제들도 보았다. 재산 분할의 분쟁과 노여움의 이유도 상당히 많다. 하지만 형제는 아무리 싸워도 당신을 연결해 주는 유대감임을 부정할 수는 없다. 아버지가 퇴근하고 오시자마자 다친 형을 보며 놀라움에 "얘가 큰애야 작은애야?" 하고 어머니에게 큰 소리로 물으셨다. 어머니는 요오드 병에 치료용 붓을 발라 연신 형의 붕대 주위를 소독하고 계셨다.

다다미방의 난로는 추위를 견디게 하는 보배 같은 역할을 한다. 그날 고기를 구워 먹을 때 형과 나와의 관계가 처음으로 난로에서 서로 좀 떨어져 있는 관계와 같았음을 느꼈다. 이유는 난로를 두고 마주 보고 있었기 때문이다.

사람과 사람의 관계는 난로와 같아 너무 딱 붙어있으면 화상을 입는다. 난로처럼 따뜻함이 유지되려면 어느 정도 거리를 유지해야 한다. 대신 난로처럼 차갑지 않게 말이다.

어느 부부 동반 운동 모임이 있었는데 늘 대장 노릇을 하는 어느 부부가 있었다. 다른 부부에게 처음 만나면 그때부터 일정 기간 늘 간이라도 빼줄 정도이다. 재력 자랑, 지난주에는 자기 남편이 78타를 쳤다는 자랑, 아들이 고급 식당을 차리려 이태리 기자재를 수입해 온다는 자랑 등. 거기서 대화의 바톤을 400m 계주하듯 넘겨주면 되는데 고맙게도 상대에게 늘 친절하고 지나칠 정도로 호의를 베풀고 참견하며 이어간다. 그러나 만남이 지속될수록 그 부부가 늘 화를 일으켜 모임에 분란을 일으키고 줄줄이 탈퇴 러시가 이어진다.

어느 날 그 내외 부인이 또 트러블을 일으켰다. 이유는 어느 부부가 술을 잘 못 마시는 자기 남편에게 술을 두 잔이나 연거푸 마시라고 권한 것이 화근이 되어 싸움이 이어졌다. 그 후 이미 탈퇴한 부부를 지칭하며 모임에서 서글프다며 말했다.

"남들에게 처음부터 너무 정을 주면 안 된다!"

그분들 말이 맞다. 사람과의 관계는 난로와 같기 때문이다. 너무 붙어있으면 화상을 입는다.

나는 용기를 내어 대답했다.

"누가 정 주시라고 정 달라고 했나요?"

결국 나도 아내를 설득해 마음에 화상을 입기 전에 그 모임에서 나왔다. 자존감이 넘쳐나는 그분들에게 그런 말을 했으니 쫓겨난 것이나 마찬가지지만.

눈 그친 오후

◇ ◇ ◇

어머니는 부엌에서
아부라기와 두부를 넣고 콩나물 찌개를 끓이신다.

반나절 내리던 눈발이 멈춘다.
툇마루에 앉아 손톱 발톱을 깎으시던 아버지가
마당으로 나가신다.

한 손에는 빗자루
다른 한 손에는 쓰레받기
쌓인 눈 위로 아버지는 발자욱 이정표를 만드신다.
아버지의 지난날 여정은 어떤 것이었을까?

상다리를 펴서
밥그릇을 소복이 채운다.
난롯불이 오늘은 더 따스했다.
엄마가 끓여준 찌개가 오늘따라 더 맛있었다.

외할머니

◇ ◇ ◇

눈이 유난히도 착하게 보이셨던 할머니. 3남 2녀를 키우셨다. 외할아버지를 본 기억은 없다.

장녀였던 이모가 먼저 돌아가셨을 때 늘 웃음만 지으시던 할머니의 눈물을 처음 보았다. 소리도 내지 않고 조용히 눈물을 흘리셨다.

이모는 의사와 결혼하셨다. 이모부는 전쟁통에 수많은 환자들을 치료하시다 과로로 너무 일찍 돌아가셨다. 이모부 얼굴은 사진으로만 한 번 보았다.

할머니는 꽤 오래 사시다 돌아가셨다. 이모는 남편을 여의고 할머니처럼 3남 2녀를 키우며 고생하시다 할머니보다 20년이나 먼저 세상을 떠나셨다. 할머니의 막내인 막내 외삼촌은 90세가 넘으셨으나 아직도 전화를 드리면 반가워하신다. 할머니가 돌아가시기 전까지 오랫동안 할머니를 모셨다. 나는 자라오며 외할머니, 막내 외삼촌과 참 가깝게 지냈다. 서울에 계신 외삼촌에게 과일 한 상자라도 보내드려야겠다.

아들은 내 회사에서 일을 배운다. 한 해가 다르게 일에 흥미를 느끼는 것이 대견스럽고 고맙다. 어려서부터 활발하고 리더십과 책임감이 있었다. 결혼에 대해 별생각이 없더니 몇 달 전 외할머니가 돌아가시고 결혼에 대해서도 생각이 있는 것 같다. 아들은 외할아버지 그리고 외할머니와 아주 가깝게 지냈다.

절친이 《격대교육》이란 책을 집필하여 곧 발간된다고 한다. 아직 출간 전이라 읽어보지 않았지만 할아버지 할머니에게서 예절 교육과 사랑을 잘 받은 아이들의 올바른 성장 과정을 그린 책이라고 한다. 할아버지와 할머니는 후대의 영성과 인성 교육에 최적이라고 친구는 말한다. 보육할 때 부모보다는 좀 더 여유롭다고 한다. 조부모가 되는 베이비붐 세대(1955~1963년생)가 격대교육에 동참하면 저출산 문제도 나아질 수 있다고 한다.

며느리가 들어온다면 부모는 물론 할아버지, 할머니와도 가깝게 지내는 며느리였으면 좋겠다.

미래를 위해 풀어야 할 숙제 저출산

◇ ◇ ◇

    부산 동구 초량 지역을 지나다가 "일신기독병원 30만 명 출생 기념"이라는 플래카드를 보고, 순간 존 맥켄지 선교사와 그 선교사의 두 딸이 머리에 떠올랐다.

    120여 년 전 우리나라에 온 존 맥켄지 선교사(한국명 매견시)의 두 딸이 세운 병원이 당시 일신부인병원이다. 한국에서 태어난 두 딸 헬렌 맥켄지(한국명 매혜란)와 둘째 딸 캐서린 맥켄지(한국명 매혜영)는 호주에서 의사와 간호사가 되어 1952년 전쟁 중인 한국에 돌아왔다. 당시 한국에는 출산 중에 산모가 목숨을 많이 잃었기 때문에 부산 초량에 산부인과 병원을 설립하게 되었는데, 바로 일신부인병원이다. 그 후 지난 12월 13일 종합병원 일신기독병원에서 72년 만에 30만 명째 아이가 태어났다는 소식이다.

    남태평양에 있는 바누아투에서 선교 활동을 했던 존 맥켄지 선교사는 원래 스코틀랜드 출신으로 목사이자 의사였다. 1894년 영국에서 결혼하고 런던을 떠나 호주로 이주해 목사 안수를 받고 남태평양의 바누아투 산토 섬에서 원주민 사역을 시작하였다. 당시 원주민들을, 특히 식인종들을 개화하고자 선교사 부부는 10여 년 동안 글을 가르치며 헌신했다. 마침내 650여 명이 문맹에서 벗어나게 되었다. 대단한 열정이었다. 그러나 안타깝게도 아내가 열병으로 소천하고 자신도 그곳 기후에 더 견딜 수 없다는 의사의 진단을 받고 다음 선교지를 놓고 기도하다가 한국을 택했던 것이다.

부산 용호동에 위치한 '상애원'에서 나환자를 섬겼다고 한다. 그때 손양원 전도사가 같이 사역했는데, 나중에 손양원 목사는 여수에 '애향원'을 설립했고 한국 교회사에 큰 업적을 남겼다. 사역 중에 만난 호주 선교사 메리와 결혼하여 네 딸과 막내아들을 낳았는데, 막내아들은 두 살 때 잃었다. 첫째 딸 헬렌 맥켄지와 둘째 딸 캐서린 맥켄지의 헌신이 오늘날 한국의 저출산까지 해결하게 하는 데 도움을 준 것이다. 그때 병원 옆에 조그만 교회가 일신교회였다. 그 일신교회에 임마누엘교회 당회장 류광수 목사의 어머니 故 장차연 권사께서 출석하셨다.

지난 10월 우리나라 출생아 증가율이 14년 만에 가장 많이 증가했다는 보도이다. 통계청은 올해 합계출산율을 0.68명으로 잡았지만 0.74명까지 올라갈 것으로 전망하고 있다.

2025년 1월 18일 부산 동구청에서 일신기독병원 30만 명 출생 기념행사를 개최할 예정이라고 한다. 출산율 증가에 좋은 영향력을 주면 좋겠다.

맥켄지 선교사를 통해서 두 딸은 이국땅 한국에서 병원과 교회를 건립하고 우리나라 저출산 문제 해결의 모델이 되었다.

공간과 격차 넘어 저출생 위기 대응이란 KBS 미래인구포럼을 관심 있게 보았다. 우리나라는 전 세계에서 유례없는 저출산 국가가 되고 말았다. 2015년 이후 합계출산율은 계속 하락하여 지난해 기준 0.72를 기록했다. 정부도 지난 15년간 저출산 문제 해결을 위해 예산 280조 원을 쏟아부었고 대통령이 지난 6월 저출산 대책을 발표하면서 국가 비상사태를 선언했다.

젊은 층이 결혼과 출산을 생각하려면 미래에 자신들의 삶에 기회가 있다고 느껴야 한다. 미국은 아직 젊은 층이 이런 기회가 존재한다고 느껴 결혼과 출산에 대한 유인이 존재한다.

우리나라는 급격한 산업화에 성공한 나라이다. 보통 선진국들은 100년 동안 연 약 2% 정도씩 경제가 성장해 왔다. 우리나라는 짧은 기간 매년 10% 내외 성장하여 선진국이 됐다.

우리가 급속하게 성장한 배경에는 치열한 경쟁이었다. 경쟁이 단기간 내의 성장을 가져왔지만 지금은 심각한 저출산의 주범이 되고 있다. 경쟁이 제반 사교육 문제, 수도권 중심의 성장과 집값 상승, 청년층의 결혼과 출산 문제를 야기시켰고 비교하는 문화가 자리를 잡았다.

신입생이 거의 없는 학교가 늘어나고 있고 폐교 위기에 몰린 시골 학교들이 늘어나고 있다. 골드만삭스의 보고서에 따르면, 20여 년 후 저출산과 고령화 등으로 우리나라의 경제가 인도네시아나 방글라데시 등 인구 대국에게 추월을 당해 그 나라들보다 못사는 나라가 될 수도 있다는 충격적인 예측이 나왔다. 미래세대가 어둡지 않도록 대책이 시급하다.

노벨경제학상 수상자인 폴 크루그먼 교수도 특히 '대도시 쏠림 현상'을 원인으로 지목하였다. 도시에 모든 젊은 재원들이 몰리며 경쟁이 심화하고 집값이 상승하는 바람에 삶의 질이 떨어졌으며 결국 수도권 및 대도시 젊은이들도 아주 힘들어졌다. 폴 크루그먼은 지역 균형 발전을 위해 미국의 '장소 기반 정책' 등을 대안으로 제시했다. 낙후된 지역의 일자리를 창출하기 위한 의식적인 노력이 필요하다는 이야기이다.

슈뢰더 전 총리의 지역에 대학과 작지만 강한 기업이 골고루 분포돼 지역 소멸 문제 등을 해결한 독일 모델도 주목을 받았다. 분권화는 자원과 기회를 평등하게 분배할 수 있도록 해주고 특히 저출산 관련

해서도 중요한 문제인 저렴한 주택을 평등하게 분배할 수 있는 기회를 주기도 한다. 국내 전문가들은 메가시티 형성과 미래 세대를 중심으로 한 지역 혁신 등을 언급했다.

2015년 처음으로 출산율이 처음으로 1.0 아래로 떨어진 이후 정부도 천문학적 숫자의 정부 예산을 퍼부었다. 이민자 확대, 돌봄 문제 해결, 청년들의 주택 구입을 지원하는 대출, 육아휴직 급여 상한 확대, 육아휴직 신청 자동화, 육아휴직 시 동료수당 지급 등 일·가정 양립 정책이 제대로 시행되기 위한 하드웨어적 정책들이 중요하다. 중장기적으로 더욱 중요한 근원적인 문제는 가족이라는 가치를 위한 참된 교육과 인식 개선 캠페인이 절실하다.

우리나라가 벤치마킹하고 있는 북유럽 국가들은 일·가정 양립 제도가 잘 정착돼 있고, 남녀 불평등 문제도 적지만 출산율은 점점 떨어지고 있다. 결국 결혼과 육아에 대한 부정적인 인식을 개선해야 저출산 문제가 해결될 수 있다.

다행히 최근 몇 달간 출산과 혼인이 전년 같은 기간보다 늘었지만 아직 본격적이고 구조적인 출산율 반등이라고 자신하기엔 이르다.

지금까지 정책적 노력을 일관성 있게 추진하는 것은 물론 그 이상의 노력도 필요하다. 사회적 인식 개선이 절실하다. 결혼과 출산, 육아에 대한 긍정적 인식이 필요한 것이다.

　토드 부크홀츠는 올해 서울에서 우리나라의 저출산 문제 해결에 대해 강연을 하였다. 그는 전 미국 백악관 경제정책 자문위원이며 영국 케임브리지대와 미 하버드대 로스쿨에서 경제학과 법학을 전공했으며 부시 대통령 시절에는 백악관 경제정책 자문위원을 지냈다. 베스트셀러《죽은 경제학자의 살아있는 아이디어》의 작가이기도 하다.

　토드 부크홀츠는 반려견은 키워도 출산과 육아는 기피하는 현상에 대하여 언급하였다. 북유럽 국가들의 무상보육 정책도 저출생 기조를 못 바꾸었다고 하였으며 문화 접근을 각종 정책과 병행해야 한다고 하였다. 문화의 역할을 강조한 것이다. 미 대통령 도널드 트럼프가 약속하는 세금 혜택보다 팝스타 테일러 스위프트가 소셜미디어에 올리는 밈(meme: 인터넷 유행 콘텐츠)이 출산 독려에 훨씬 효과적일 것이라고 말한 대목이 눈에 띈다.

　반려견을 키우는 건 멋진(cool) 일이라는 공감대가 있다 보니 거기에 들어가는 시간과 비용에서 오는 부담을 감수하는 것이라고 했다. 육아에 대해서는 많은 젊은이들이 예전만큼 멋진 일로 인식하지 않는다고 덧붙였다.

　출산과 육아가 힘들지만 뜻깊고 가치 있는 일이라는 인식을 심어

주는 하나의 문화를 조성하는 것이 병행되어야 한다고 했다. 특히 한국은 IT 정보기술이 발달하여 SNS 활용도도 높으므로 더욱 절실하다며 한국의 아이돌 스타가 출생과 육아 관련 밈 확산에 나서주면 파급력이 클 것이라고 했다.

이런 면에서 2013년부터 특히 젊은 층에 인기 프로그램인 독신 연예인들의 자취생활과 취미 및 혼자 놀기, 어울리기를 적나라하게 보여주는 TV 프로그램이 결혼을 꺼리게 되고 저출산 문제를 더욱 심각하게 하지는 않는지도 곰곰이 생각해 보아야 한다.

나는 유대계 회사 사람들을 자주 만나며 느낀 점이 가족 간에 그리고 부자 간의 관계 나아가 할아버지와 손자 간의 돈독한 유대감을 보았다. 하브루타 교육이 만들어 낸 그들의 전통이다.

특히 4장은 우리에게 친숙한 탈무드 이야기 15편에 우리 아이에게 꼭 필요한 4가지 질문법을 반복적으로 적용하여 하브루타 질문법을 체험할 수 있도록 돕는다. 아기자기한 일러스트, 쉽게 풀어쓴 문장으로 하브루타 교육을 처음 접한 초심자들도 부담 없이 읽을 수 있다는 점이 책의 가장 큰 미덕이다.

책의 내용을 오롯이 따라가다 보면 아이와 어떻게 대화하고 소통해야 하는지부터 텍스트에서 유의미한 질문을 추출하는 법까지 익히고 배울 수 있을 것이다.

우리나라의 교육 현실은 어떤가? 이는 저출산 문제의 큰 원인이다.

시험문제 유출 혐의를 받던 숙명여고 교무부장이 구속되면서 사회적으로 큰 파장을 불러온 적이 있다. 국민이 경악하였고 학부모들과 학생들은 교사에 대한 불신과 함께 정직하게 공부한 아이들이 피해를 보는 것에 대해 분노하였다. 왜 시험지를 훔치면서까지 내신 성적을 잘 받으려 하는 것일까?

대학 입시 제도의 문제점을 간과하지 말아야 한다. 현재 대입 제도는 크게 내신 중심의 수시와 대학수학능력시험(수능) 중심의 정시로 구분할 수 있고 각 모집 비율은 수시가 70%를 웃돌고 정시가 30%를 밑돈다.

압도적으로 높은 수시 전형에서 내신 성적은 대학과 당락을 결정할 정도로 절대적이며 그래서 시험지를 훔쳐서라도 잘 받으려고 한다. 내신 비리의 근본 원인은 이러한 과도하게 높은 수시 비율에 있다.

내신 비리 근절을 위해 관리 · 감독을 엄격하게 하면 될 것 아니냐는 반론이 있을 수 있지만 현실적으로 불가능하다. 수능은 시험문제 출제를 위해 출제 교수들이 격리되어 합숙하고 시험이 끝날 때까지 외부와 접촉이 차단된다. 반면에 내신 시험은 문제를 낸 교사들이 시험이 끝나기 전에도 자유롭게 외부 활동을 할 수 있고 다양한 사람들을 만날 수 있다. 교사들의 양심을 믿으면 되지 않느냐고 할 수 있겠지만 수능시험 출제자의 양심도 믿어 격리하지 않아도 된다는 주장이 있을 수 있다. 현실화된다면 상상도 하지 못할 일들이 발생할 것이다.

교육 당국은 폐회로텔레비전(CCTV) 설치나 상피제 도입, 시험지 관리·감독 강화 등 내신 시험의 공정성과 신뢰성을 높이기 위한 여러 방안을 강구하고 있지만 실효성은 크게 없을 것으로 보인다. 내신 시험은 수능처럼 완벽한 관리·감독이 불가능하므로 수시 비율을 대폭 낮추지 않는 한 어떤 형태로든 내신 비리는 계속 발생할 것이다. 따라서 내신 비리를 근절할 수 있는 유일한 해결책은 내신 비중을 대폭 낮추어 내신 성적을 잘 받지 못해도 수능을 통해서 원하는 대학에 갈 수 있도록 정시가 대폭 확대되는 것이다.

수시의 또 다른 문제점은 살벌한 내신 경쟁을 유발하고 있다는 점이다. 어느 정도의 경쟁은 피할 수 없는 것이라고 하더라도 내신 시험은 바로 옆 친구와 피 말리는 경쟁을 해야 하기 때문에 매우 비교육적이다. 인성과 동료애가 무너지는 것이다. 옆 친구를 밟고 올라가야 성공한다는 것을 배운다. 반면에 수능은 전국 단위 시험이라 전국의 불특정 학생들과 경쟁하므로 옆 친구를 의식할 필요가 없다. 수시에서 협업을 강조하지만 정작 협업을 실천할 수 있는 제도가 수능이다.

불공정한 학생부종합전형(학종)은 폐지돼야 한다. 학종의 가장 큰 문제점은 부모의 능력이 학생의 능력으로 둔갑한다는 점이다. 교사는 학생들에게 학생부에 쓸 내용을 직접 작성해 오라 하고 학생은 컨설팅업체를 이용하여 학생부 내용을 만들어 교사에게 전달한다. 교사는 본인이 직접 학생을 관찰하고 기록한 듯 그 내용을 학생부에 올린다. 가짜 학생부인 것이다. 대학은 컨설팅업체에서 작성한 가짜 학생부로 학생을 평가하여 당락을 결정한다. 이것은 학생의 능력이 아니라 컨설팅업체 또는 부모의 능력을 평가하여 당락을 결정하는 것이다. 학종은 아빠의 경제력과 엄마의 정보력이 대입 당락을 결정한다는 말이 있다. 반칙이고 편법인 것이다.

수능도 부모의 영향을 받지 않느냐고 항변할 수 있겠지만 수능은 학생 본인이 시험장에 들어가서 본인이 받은 점수로 평가받는다. 사교육을 아무리 받아도 학생 본인이 공부하지 않거나 능력이 떨어지면 수능을 잘 볼 수 없고 원하는 대학에 갈 수 없다.

또 학종은 당락의 기준이 없다. 즉, 무엇을 어떻게 준비해야 원하는 대학에 합격할 수 있는지 명확한 기준이 없다. 기준이 없으니 모든 것을 다 준비해야 하고 불안한 마음에 컨설팅업체를 찾게 된다.

물론 수시 전형의 장점도 있다. 그러나 사교육비에서도 수시는 돈이 많이 드는 전형이며 이는 출산율 문제의 원인이 될 수 있다. 수시가 확대되면서 사교육비가 증가했다는 통계 자료가 있다. 수시는 내신을 위해서 학교 근처 학원에 갈 수밖에 없고 학생부 관리를 위해 고액의 컨설팅을 받아야 한다. 반면에 수능은 전국 단위 시험이므로 저렴한 인터넷 강의나 '교육방송(EBS)' 강의를 활용할 수 있기 때문에 수능 위주 전형일 때 사교육비가 가장 적게 든다.

입시의 생명은 공정성이다. 4차 산업과 미래 사회 대비를 위한 대입 제도 개선에는 공감하지만 아무리 취지가 좋더라도 공정성이 무너지면 그 입시 제도는 사상누각인 것이다. 공정성이 담보된 틀 안에서 여러 가지 교육적 가치가 있는 형태로 개선되어야 한다. 공정한 입시 제도하에서 선의의 경쟁을 통해 정직한 노력의 대가를 얻고 싶다는 우리 학생들의 무언의 절규를 외면하면 안 된다. 입시는 공정해야 하고 수능은 확대되어야 한다.

수시 비중이 높다는 것은 선거 때만 되면 정시 확대가 정책 슬로건이지만 선거가 끝나면 묵과되고 있다.

어머니

◇ ◇ ◇

1. 살아생전 아주 잠시 모신 어머님을 배웅하고~

2002년 겨울.

당신 손을 잡고 마포 새우젓 동네를 손잡고 거닐 때면 그때는 총총걸음이었으리라.

한강대교를 거닐어 허허벌판이었던 여의도를 향해 걸었던 기억이 있나? 겨울이었다면 강물 위에 내리던 눈 모습 없이 녹아내렸으리라.

열 손가락 마디마디 마음의 심지를 심은 것처럼 뽀얗던 어머니의 손 모습이었다면 그때는 열 살도 안 된 철부지였으리라.

그때만 해도 시간은 흔들리지 않는 것인 줄 알았는데
당신과 나만의 울타리가 있는 줄로 알았는데
그러나 세월이 흘러 서른쯤 되었을 때는
다시 서른쯤 더 살아야 당신의 마음을 알 수 있을 것 같았다.

그리고 그때서야 시간도 흔들리며 흐른다는 것
마음도 나이 따라 흐르는 것인 줄 알게 되었다.

저녁노을 가실 무렵
해운대역을 떠나는 경부선 열차 속의 어머니가
희미한 달력 속의 노을처럼 보였다면
두 주 전 모습이었다.

열 손가락 마디마디가 '퇴행성 관절염'이란 이름으로 그녀의 힘드셨던 한평생을 비추는 거울이 되고 만다.

아버지의 부추김을 받고 당신을 태운 열차가 칠십여 년 묶은 기적을 울리며 떠날 때 "다시 부산에 오시긴 힘드실 거야"라는 효성이 지극한 며느리의 나지막한 목소리가 찬 저녁 공기를 가른다.

2. 속죄하는 마음

2005년 가을.

예산에서 태어나 개화의 물결을 타고 서울로 혈혈단신 상경하셨던 어머니. 동덕여고를 졸업하시고 이화여대를 입학하자마자 자퇴하신 몇 년 후 가정을 꾸리셨습니다.

늘 자식 걱정에 여생을 보내셨던 어머니. 몇 해 전 새로이 시작한 둘째 아들의 사업이 몹시나 걱정되셨던지 떠나시기 일주일 전 떨어져 있는 제게 전화로 던지신 말씀은 "아들아, 회사는 잘 되니?"였답니다.

임종을 못 지켜본 불효를 당신이 안장해 계시던 영안실에서의 눈물로 속죄합니다.

흔들리는 것이 시간이라면 마음도 따라 흔들리는 것
그래도 당신~
내 눈에는 나보다 당신이 먼저 보입니다.

결혼을 앞둔 커플들에게

◇ ◇ ◇

결혼은 나뭇잎의 모양이나 색깔이 서서히 변하는 것과 같다. 그 변함 속에서 희망과 꿈을 찾아가는 과정이다. 상대에 대한 사랑, 칭찬 그리고 감사의 말은 부부를 성장시킨다. 평상시 말이 아름다운 사람은 외모를 더욱 멋지게 만든다. 내가 평생 같이 아름다운 말을 할 수 있는 상대라는 확인이 드는 사람과 결혼하라.

결혼은 주어진 앞으로의 세월, 신뢰, 믿음, 가사일 그리고 돈을 함께 나누는 것이다. 자신이 여기에 소홀하면 상대는 노예처럼 된다.

내 세대에 그런 경우가 허다하지만 내가 아내와 결혼해 살아오면서 아직도 후회되고 고쳐지지 않는 것이 집안일을 아내가 도맡아 해오는 것이다. 반성하고 있다. 화목한 가정의 요즘 젊은이들을 보면 다르다. 서로의 의사를 존중하고 집안일을 함께한다. 결혼은 상대방에게 변화를 강요하는 것이 아니라 함께 변화하는 것이다.

아이를 낳으면 아이들이 부모에게 존댓말을 하게 가정교육을 시키는 것은 권위주의가 아니고 강요도 아니다. 분별력 있고 자립심이 강한 자식으로 키우려면 언어를 터득할 때부터 존댓말을 가르쳐야 한다. 이는 훗날 독립심을 키우는 데도 중요하다.

부부가 시간을 자주 내어 운동을 하면 뇌에 상쾌한 에너지가 분출되고 부부간의 애정도 깊어진다. 운동은 땀을 많이 흘리는 유산소 운동이 좋고 부부가 함께 참여하는 운동 모임도 좋다. 결혼은 환상이 아니라 일상의 연속이다. 운동을 통해 뇌와 신체의 변화를 찾으면 빨리 식지 않는다.

시아버지, 시어머니를 따뜻하게 대하고 장인이나 장모를 따뜻하게 대하면 배우자는 서로 존중하게 되고 자식들에게 좋은 내력이 된다. 조부모가 아직 계신다면 그 어른들도 자주 찾아뵈어야 한다. 아이들은 가족의 사랑을 배우며 성장하고 자라기 때문이다. 자식들에게는 사랑이 중요하고 부부간에는 사랑보다 우정이 더 중요하다.

내가 태어날 때 우리나라 1인당 국민소득이 100달러도 안 되어 아프리카보다 국민소득이 낮은 최빈국에 속했다고 말하면 나잇값 못하는 고리타분한 소리로 듣는 젊은이들도 많을 것이다. 그러나 미국에서도 유럽에서도 아시아 국가들에서도 성공한 사람들의 자서전을 읽어보면 검소하지 않은 사람이 없다.

그들은 절약이 불필요한 낭비로부터 자유로워지는 행복을 체험했다. 절약은 불확실성에 대한 대비이며 꿈을 실현하고 더 많은 선택의 기회를 갖게 되는 도구이자 균형 잡힌 삶의 방식이다. 미래를 꿈꾸는 사람들의 미덕이다. 햇빛이 비치지 않는 동안 나무를 심으라는 말이 있다. 남들과 자신을 비교하는데 몰두하는 사람들은 사치의 덫에 갇히게 되는 경우가 많다. 사소한 것으로 만족하지 않는 사람은 부자로서도 만족하지 못한다.

만약 당신이 속한 사회 속에서 당신의 순위를 남들과 비교하는 것에 집중하게 된다면 당신은 다른 사람들과 경쟁하게 될 것이다. 하지만 당신이 이런 것들을 무시하게 된다면 당신은 당신만의 별과 꿈 그리고 희망을 향해 나아갈 수 있게 될 것이다. 왜 자신을 다른 사람들과 비교하는가? 왜 당신의 어깨에 다른 사람들의 무게를 짊어지고 살아야 하는가?

다른 사람들을 따라잡기 위해서 수년 동안 애쓰다가 마침내 나는 깨달았다. 나는 그들과 같은 경주를 하는 것이 아니라는 것을.

결혼을 앞둔 젊은 커플들이여! 당신들은 당신들 주변의 어느 다른 사람들과 비교될 수 없는 소중한 인연을 만들었고 이제 그 꿈을 실천해 나가는 첫발을 내미는 것이다. 한결같은 마음으로 당신들의 인생이 신나는 축제가 되길!

아버지

◇ ◇ ◇

기억나는 아버지의 모습은 아버지가 40세 초반 정도셨을 때부터입니다. 그전은 내가 어려서 어렴풋이 기억날 뿐입니다.

아버지는 집에서 어린 내가 들으면 안 되는 이야기를 하실 때 어머니와 일본어로 대화하셨습니다. 두 분 다 일제강점기 때 교육을 받으셔서 그런 듯했습니다.

두 분이 이남 일녀를 키우며 살아오시는 동안 어머니는 힘든 일이 있을 때는 언제나 나를 동반하셨습니다. 제가 초등학교 이삼 학년쯤 되었을 때, 아버지가 장 수술을 하셔서 적십자병원에 입원하셨는데 "아버지 대신 내가 아팠으면 좋겠다"고 하니 어머니와 같은 호실의 보호자 분이 제 머리를 쓰다듬으며 칭찬해 주셨습니다.

아버지는 때로는 성격이 급하셨고 때로는 조용하셨습니다. 퇴근 후 집에 오시면 "오늘 축구는 어디가 이겼냐"고, "한국과 필리핀 농구는 어디가 이겼냐"고, "신동파 선수는 몇 점을 넣었냐"고 물어보셨습니다. 저의 일과 중 하나는 아버지께 그날 스포츠 경기 결과를 보고

하는 것이었습니다. 신문 스포츠면에서 골키퍼의 선방 사진, 신동파 선수의 슛 모습, 4번 타자 김응룡 선수의 홈런 스윙을 가위로 오려 공책에 스크랩한 후 일요일이면 아버지에게 칭찬을 받아가며 자랑하였습니다. 초등학교에 다닐 무렵 아버지가 가끔 밖에서 한잔하시고 늦게 귀가하시면 한방을 쓰던 형과 저는 이불 속에서 아버지가 오늘도 전기구이 통닭을 사오시려나 기다렸습니다.

아버지가 바람을 피워 어머니가 속상해 하실 때는 어머니를 안심시켜 드리면서도 다른 아버지들도 다 그런 줄 알았답니다. 바람피운 게 들통이 나버려 어머니가 뒤채에서 주무실 때 아버지는 늘 일찍 집에 오셨고 평소와 다르게 어머니 드리라며 과일도 자주 사오셨지요. 뒤채에서 기거하시던 어머니에게 가져다 드리란 말씀을 하신 아버지는 죄인 같은 모습이셨습니다.

제지 공장 사업가로 그토록 승승장구하시던 아버지. 대규모 아파트 사업이 대홍수로 실패한 후 다시 사업가로 재기하시기까지 오랜 세월 참으로 힘드셨지요? 앞마당과 뒤뜰이 딸린 방이 7개나 있던 집을 순식간에 날리셨으니 아버지의 마음이 어떠셨겠어요? 얼마나 힘드셨으면 집안의 물건을 들고 전당포로 가셨을까요? 그때는 아버지의 모습이 한심해 보이기도 하고 측은해 보이기도 했습니다. 아침에 나가 저녁에 들어오시는 아버지의 힘없는 어깨와 축 처진 모습이 어린 저에게 한없이 허탈해 보이셨습니다. 그때 아버지 마음을 못 헤아려 드려 죄송합니다.

아버지는 재기하신 후 다시 뜰이 있는 집을 장만하셨지요? 그 집을 얼마나 귀히 여기셨으면 시간 나는 대로 멋지게 꾸미셨겠어요.

제가 성인이 되어 해외 출장에서 돌아오는 길에 아버님께 양주 한 병씩을 사다 드리는 게 행복했습니다. 부산으로 직장을 옮긴 뒤에는 서울 출장을 가면 어머니도 모시고 저녁 식사를 대접해 드려도 고맙단 말씀도 없으셨던 아버지. 세상에서 내 몸처럼 소중한 게 없으나 그래도 이 몸은 부모가 주신 것이니 무뚝뚝하셨던 아버지에게 잘하면 마음 뿌듯했습니다.

부산에 친구를 만나러 오셨을 때 중앙동 횟집에서도 별말씀 없으시고 공부하는 딸 생각이 나셨는지 유럽 출장 가면 꼭 여동생에게 한 번씩 들러라 하시고는 소주잔을 비우셨지요? 국제시장에 들러 아버지께 인삼을 보내드리면 제 마음이 참 편해졌습니다.

그리고는 어머니를 모시고 두 번 부산에 오셨는데 꽤 오래 계신 두 번째 오셨을 땐 두 분이 많이 늙으셨더군요. 아버지는 축구와 영화를 워낙 좋아하셔서 밖에서 소주와 맥주를 한 병씩 드시고도 집에 오셔 영화 한 편을 다 보시고 주무셨지요. 아버지는 축구선수 출신이 아닌데도 대한축구협회 김우중 회장과 대학 동문이어서 OB 축구협회 부

회장으로 일하신 적이 있었습니다. 늘 축구 관련 기념품과 축구경기 초대권을 보내주셨을 때 친구들에게 자랑했습니다. 저도 제 자식들도 아버지의 강한 뼈와 골격을 물려받아 친구들도 제 다리를 만지며 포항제철이라고 놀려댈 정도니 얼마나 감사한 일인지요.

어머니를 부축하고 서울행 기차에 몸을 실어드리고 걸었습니다. 길가의 가로수가 고요하고자 하니 바닷바람이 멈추지 않고 아들이 효도하고자 하니 어버이가 보이지 않았습니다.

세월이 더 흘러 어머니가 돌아가시고 일 년 뒤 아버님이 위독하시다는 소식을 듣고 입원하고 계시던 병원으로 갔습니다. 아버님은 병실에서 말씀하셨죠? 월드컵을 앞두었던 때 같아요. 한국 대표팀의 전술을 이야기하셨지요? "이영표가 미드필드에서 휘저어 주어야 해"라고. 그리고는 몸을 간신히 일으켜 어머니 이야기를 하셨어요. "엄마가 전쟁통에 학업을 그만두고 예산으로 내려가 있었는데 소개를 받고 내가 예산에 내려갔지. 멀리서 걸어오는 엄마의 모습이 어찌나 미인인지. 첫눈에 반해 '이 여인이 내 동반자야' 하고 중얼거리며 외할머니와 엄마랑 선을 보는데 그 생각을 하면 지금도 설렌단다."

의사는 자식들에게 연명치료 여부를 물어보았지요. 조금 더 살아 계실 고통도 불효란 생각에 저희는 그냥 편히 잠드시는 길을 택하였고 아버님의 시신은 삼성병원 장례식장으로 옮겨졌습니다.

독실한 크리스천인 형과 형수의 권유를 거절하시다 어머니가 돌아가시기 몇 달 전 크리스천이 되신 아버지. 저는 무교로 살아오고 있지만 예수께서 말씀하셨대요.

"그리스도께서 죽은 사람들 가운데서 일으킴을 받아 죽어 잠든 사람들의 첫 열매가 되셨다."

"우리는 여러분이 죽어 잠들어 있는 사람들에 대하여 모르기를 원하지 않는다. 그것은 여러분이 희망 없는 다른 사람들처럼 슬퍼하지 않게 하려는 것이로다."

"밀알 하나가 땅에 떨어져 죽지 않으면 한 알 그대로 있고 죽으면 많은 열매를 맺는다. 자기 목숨을 사랑하는 사람은 잃을 것이요, 이 세상에서 자기 목숨을 미워하는 사람은 영원한 생명에 이르기까지 그 목숨을 보존할 것이다. 그리스도 안에서 '죽음'이란, 살아계신 하나님의 존전을 드나들며 현재를 맛보고 누리게 하는 출입문에 불과하다."

아버지와의 추억은 이 세상에서는 인연을 접게 되었어요. 이제 하늘나라의 시민이 되신 아버지! 아버지의 한평생은 썰물처럼 밀려오는 흡사 파도였던걸 아세요? 때로는 잔잔하고, 때로는 압도적인 물결이었어요. 그 인생의 소용돌이를 거친 후 아버지의 죽음은 돌아오지 않는 파도일 뿐이어서 다시 만날 때까지 하늘나라에 먼저 가신 어머니 손을 꼭 잡고 평안하시기를 비나이다.

82년 평생을 사신 아버지는 그렇게 하늘나라로 가셨습니다.

아버지가 저의 손을 잡아주지 않았을 때도 아버지는 늘 저의 뒤에서 저를 지켜주고 계셨습니다. 때로는 아버지를 용서하고 마음을 다해 사랑했어야 했으며 다시는 그런 기회가 없을지도 모른다고 생각했어야 했습니다. 아버지의 응원이 제게는 빛이었기에 세상을 떠나셨지만 제 마음은 여전히 그 자리에 있는 것임을 알았고 이별을 통해 진정한 사랑의 가치를 알게 되었습니다.

제가 중학생일 때 아버지는 건강한 40대 중반이셨습니다. 그런데 저는 아무런 이유도 없이 마루에 앉아 엉뚱한 생각을 한 적이 있었습니다. '만일 아버지가 돌아가신다면 어떤 기분이 들까?' 하며 하늘을 바라보았습니다.